ALEXANDER KIPP

Systemische Beratung Handbuch

Email: info@edition-lunerion.de
www.edition-lunerion.de

Psiana eCom UG
Berumer Str. 44
26844 Jemgum

Inhalt

Vorwort

Bemerken Sie seit einiger Zeit, dass sich etwas in Ihrem Umfeld verändert hat? Verhalten sich bestimmte Personen Ihnen gegenüber anders als gewöhnlich? Sei es die eine Kleinigkeit, die in Ihrer Familie für große Auswirkungen auf andere Mitglieder gesorgt hat, oder der Konflikt zwischen zwei Ihrer Kollegen, wobei einer Sie dazu gedrängt hat, sich auf seiner Seite zu positionieren, obwohl Sie in erster Linie gar nicht in den Konflikt involviert waren. Oder ist da ein persönliches Problem, welches sich auf Menschen in Ihrem Umfeld auswirkt, weshalb Sie sich schon selbst Vorwürfe gemacht haben? Solche Veränderungen in den altbekannten Strukturen können für großes Chaos sorgen und ganze Systeme auf den Kopf stellen. Worum es sich genau bei solchen Systemen handelt und inwiefern eine systemische Beratung in solchen Lebensphasen helfen kann, erfahren Sie in diesem Ratgeber.

Im Allgemeinen basiert die systemische Beratung auf dem Konzept der Familientherapie, welche vor etwa 40 Jahren ihren Ursprung fand. Davor galt die übliche Psychotherapie als Angelegenheit zwischen zwei Personen: therapierende Person und Klient. Heute wird von systemischer Beratung oder systemischer Therapie gesprochen – und nicht mehr ausschließlich von Familientherapie – um aufzuzeigen, dass es sich nicht zwangsläufig um die Familie handeln muss, welche im Zentrum der Aufmerksamkeit steht. Außerdem wurde irgendwann die Erkenntnis gewonnen, dass sich viele Probleme als Bestandteile sozialer Systemstrukturen darstellen und sich nicht lediglich auf eine Person und ihre Eigenschaften beziehen. Viele der bewährten Methoden kommen, je nach Situation, jedoch heute noch zum Einsatz.

Je nach Situation lässt sich eine systemische Beratung also sehr individuell gestalten und mit Sicherheit gibt es auch den passenden Ansatz, welcher Ihnen in Ihrer Situation weiterhelfen kann!

Sie werden sehen, dass hinter Problemen oft ein viel komplexerer Zusammenhang liegt als lediglich die eine negative Eigenschaft der einen bestimmten Person – oder auch Ihres Selbst. Die Methoden, welche in einer systemischen Beratung zum Einsatz kommen, werden Ihnen dabei helfen, Ihren Blickwinkel auf verschiedene Dinge zu verändern, und Sie zu lösungsorientiertem Handeln animieren, welches auf den Ressourcen beruht, welche schon immer in Ihnen schlummern – Sie müssen nur lernen, Sie (wieder) zu aktivieren!

Den ersten Schritt in die richtige Richtung haben Sie bereits getan, indem Sie diesen Ratgeber in Ihren Händen halten, welcher Sie über die wichtigsten Aspekte der systemischen Beratung aufklären soll. Ich wünsche Ihnen in diesem Sinne einen guten Weg und viel Erfolg mit diesem Buch!

Alles wirkt zusammen

Die systemische Beratung: eine Beratungsform mit vielfältigen Einsatzgebieten. Ob in einer Familie oder in einem Unternehmen – überall, in den verschiedensten Systemen, kann es zu Problemen oder Konflikten kommen. Wird allerdings nicht rechtzeitig gegen diese arbeitet, können sie ein belastendes Ausmaß für die beteiligten Systemmitglieder annehmen. Der Schlüssel liegt also vor allem darin, diese frühzeitig zu erkennen, um innerhalb einer systemischen Beratung gezielt Lösungsvorschläge zu erarbeiten.

Von den Theorien bis hin zu den verschiedenen Methoden einer systemischen Beratung – dieses Buch wird Sie umfassend an diese Form der Beratung heranführen. Beginnen werden wir mit dem Bestandteil des Namens, „systemisch", wir werden uns in diesem Zusammenhang mit der Theorie von Systemen beschäftigen. Dazu zählen zum einen die Systemtheorie nach Niklas Luhmann, das systemische Weltbild, konstruktivistische Ansätze und die Rollentheorie nach Talcott Parson, um besser verstehen zu können, wie sich bestimmte Strukturen in Systemen entwickeln.

In dem darauffolgenden Kapitel erfahren Sie Grundlegendes über die systemische Beratung, unter anderem, was sich hinter der systemischen Haltung verbirgt und was es bedeutet, dass die Beratung lösungs- und ressourcenorientiert arbeitet, und was sonst noch besonders ist. Der Aufbau bzw. der Weg zu einer typischen Beratung wird in dem Kapitel „5 Schritte zur systemischen Beratung" geschildert, worauf die verschiedenen Methodiken folgen, die in einer Beratung zum Einsatz kommen können – und das sind ganz schön viele! Da sie jedoch von zentraler Bedeutung sind, war es mir wichtig, sie Ihnen detailgetreu nahezubringen. Vor allem sind sie deshalb so wichtig, um neue Sichtweisen auf eine bestimmte Situation zu erzielen.

Die letzten beiden Kapitel sind unterteilt in die Anwendung der systemischen Beratung, zum einen in der Familie, zum anderen in Unternehmen und im Job. Auch hier gibt es unterschiedliche Möglichkeiten, je nach System, um an die Lösung von Problemen und Konflikten heranzugehen. Dieses Buch soll Sie also an alle Formen und Einsatzgebiete der systemischen Beratung heranführen und nichts auslassen.

Am Ende sollen Sie das Gefühl haben, bestmöglich informiert zu sein – sei es, um den Schritt zu wagen, eine systemische Beratung aufzusuchen, oder aber, um andere Menschen oder Systeme darüber aufzuklären, für die es vielleicht nützlich in der eigenen Situation sein könnte.

Wie Systeme funktionieren

Übersetzt man den Begriff ‚System' direkt aus dem Griechischen, erhält man etwa eine Übersetzung wie *Zusammengestelltes* oder *Verbundenes*. In diesem Kontext beschreibt der Duden den Begriff des Systems als die Anzahl von Elementen, die in wechselseitigen Beziehungen zueinander stehen und sich somit bedingen. Damit wird klar, dass es sich bei einem System oder Teilsystem, wie es die Systemtheorie beschreibt, um eine Art von Gruppe handelt, in der es **bestimmte Strukturen** und **wechselseitige Beziehungen** gibt.

Die Systemtheorie kommt ursprünglich aus der Psychotherapie, wurde aber mit der Zeit auch auf andere Bereiche ausgeweitet und zielt darauf ab, Gruppen als Ganzes zu betrachten, also das Verhalten eines Individuums in den Zusammenhang mit dem Verhalten der anderen Gruppenmitglieder zu stellen. Das bedeutet im Umkehrschluss, dass der Blick nicht nur auf einzelne Personen gerichtet werden soll und bestimmte Sachverhalte **ganzheitlich** betrachtet und analysiert werden müssen. Es gibt allerdings nicht nur die eine Systemtheorie. Das Feld ist breit und vereint viele verschiedene Ansätze, aus denen man sich Schnipsel herausziehen kann, um diese für sich in seinem Berufsalltag zu nutzen.

Die Grundsteine der Systemtheorie: Bertalanffy, Parsons und Luhmann

Grundlegende Ansätze zur Systemtheorie stammen zum Beispiel von Ludwig von Bertalanffy (1901-1972), Talcott Parsons (1902-1979) und Niklas Luhmann (1927-1998).

Bertalanffy war **Biologe** und beobachtete somit Systeme von Lebewesen. Er beschrieb wiederkehrende Muster, wie offene, sich überschneidende Grenzen, wechselseitige und komplexe Beziehungsaspekte untereinander oder die stetige Bemühung um ein Gleichgewicht durch sogenannte Rückkoppelung, auch als Rückmeldung/Feedback bezeichnet.

Parsons als **Soziologe** nahm die Funktionen von solchen Systemen genauer unter die Lupe und beobachtete die Anpassungsfähigkeit an neue Umstände, den Drang danach, seine Ziele auszudrücken und zu verfolgen, das Streben nach Zusammenhalt und die unbedingte Aufrechterhaltung von Werten und festen Strukturen.

Luhmann, der ebenfalls **Soziologe** war, unterschied zwischen verschiedenen Arten von Systemen. Bezogen auf den Menschen ergeben sich das **biologische System**, also das Lebewesen an sich mit seinen körperlichen Merkmalen und biologischen Prozessstrukturen, und das **soziale System**, das vor allem durch gesellschaftliche Kommunikation geprägt ist. Luhmann ist derjenige der drei Systemtheoretiker, der sich am stärksten auf die Wichtigkeit von Kommunikation und entstehende Gesetzmäßigkeiten innerhalb eines Systems fokussierte.

Um Systeme besser ordnen zu können, hat sich die Unterscheidung mithilfe der Kybernetik erster und zweiter Ordnung etabliert. Bei der Kybernetik handelt es sich um eine Systemtheorie, die dynamische Systeme in den Fokus nimmt und erforscht, wie diese gesteuert und reguliert werden. Dabei analysiert die Kybernetik bestimmte Eigenschaften dynamischer Systeme, sodass erarbeitet werden kann, inwiefern diese auf ein bestimmtes Ziel hingelenkt werden können (1. Ordnung der Kybernetik, Beeinflussung) bzw. wie sich Systeme auch autonom steuern können (2. Ordnung der Kybernetik, Selbstbestimmung). Dem liegt die Grundannahme zugrunde, dass sich Systeme selbst konstruieren. Die Systemtheorie nach Luhmann setzt hier den Fokus auf die **Kommunikation** und untersucht diese innerhalb dieser konstruierten Systeme, da diese durch verbale oder anderweitige Interaktion überhaupt entstanden sind.

„Soziale Systeme bestehen aus Kommunikation“

Veronika Verbeek

Es kommt in der Systemtheorie darauf an, *wie* miteinander kommuniziert wird. Andere Persönlichkeitsmerkmale treten dabei in den Hintergrund, sodass einzig und allein zwischenmenschliche Beziehungen und ihre Dynamiken in der Kommunikation sowie deren Eigenschaften betrachtet werden. Dabei können sich bestimmte **Kommunikationsmuster** festigen und es kann die Tendenz entstehen, dass sich der Mensch eher in solche sozialen Kommunikationssituationen begibt, in denen er eine ähnliche Rolle einnehmen kann. Es ist schließlich schwieriger, gewisse Eigenschaften an sich zu verändern als seine Kommunikationsweise. Hieran lässt sich besser schrauben und es kann maßgeblich dazu beitragen, dass man sich in soziale Rollen und andere soziale Wirklichkeiten begeben kann, von denen man vielleicht denkt, dass sie einem nicht liegen.

SOZIALE WIRKLICHKEIT – WARUM DIE MEDAILLE MINDESTENS ZWEI SEITEN HAT

Jeder Mensch hat aufgrund eigener Wahrnehmung, Vorgeschichte, Gefühle „eine Seite seiner Geschichte". Tritt dieser Mensch nun in Kommunikation mit (mindestens) einer anderen Person, kann es dazu kommen, dass die beiden Seiten ihrer individuellen Geschichten nicht harmonieren. Häufig entstehen dadurch, oder aber durch die Missachtung der Wahrnehmung der anderen Person, Konflikte.

Alle Einflüsse, die auf sie wirken, bewegen sich im Rahmen des Systems Ihrer **„sozialen Wirklichkeit"**. Diese wird erst durch Individuen und ihr soziales Handeln erschaffen und stellt somit eine subjektive Wirklichkeit dar, die weder als richtig oder falsch eingestuft werden kann. Die soziale Wirklichkeit steht der naturwissenschaftlichen Wirklichkeit gegenüber, die in Unabhängigkeit vom Menschen und von menschlichem Handeln existiert.

Luhmann lag es daran, Bereiche der Gesellschaft genauer zu beschreiben und deren Strukturen näher zu analysieren, woraufhin er seine **„Systemtheorie"** entwickelte, die an dieser Stelle noch einmal erläutert wird:

Hierbei lässt sich ein System als solches beschreiben, das aus einer Reihe von Begriffen besteht, die in ihrer Ganzheit Kategorien bilden. Systeme kennzeichnen sich im Rahmen der Theorie jedoch nicht durch einzelne Elemente, sondern aus der Relation der Elemente zueinander, also den Zusammenhängen zwischen aufeinander verweisende soziale Handlungen. Die Grundlage der systemischen Beratung ist ein systemtheoretisches Weltbild. Das systemische Weltbild erhebt maßgebliche Unterschiede zum mechanischen Weltbild, vor allem basiert es auf der Konstruktion von individuellen Wirklichkeiten, der Kontextabhängigkeit bezüglich der Bewertung von Situationen (kein schlichtes Einteilen in „Richtig" oder „Falsch") und dem nicht ausschließlichen Einbeziehen von Fakten, es integriert viel mehr harte und weiche Faktoren, ist also nicht rational ausgelegt.

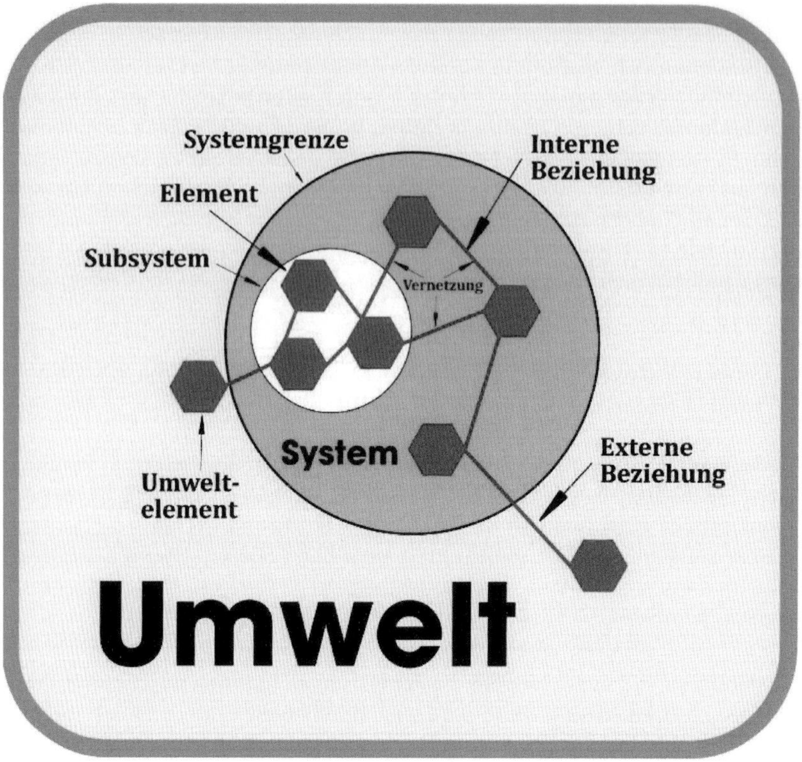

Alles, was sich außerhalb der Systeme befindet, nennt Luhmann im abstrakten Sinne „**Umwelt**", in der ebendiese verschiedenen Systeme auftauchen. Grundlage der Systemtheorie sind aber nicht einfach verschiedene Systeme – die Systemtheorie basiert vielmehr darauf, dass ein System in seiner Differenz zur Umwelt besteht, beides also zueinander in Wechselwirkung steht.

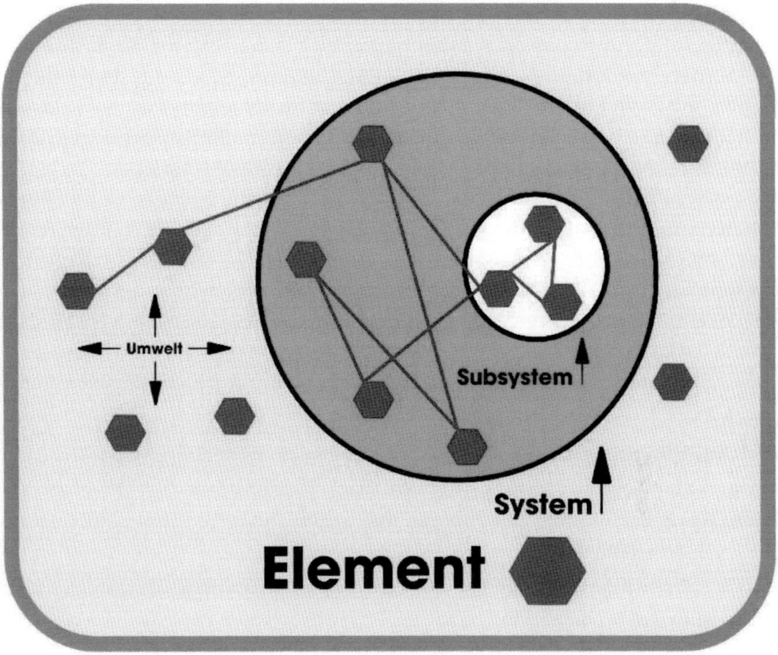

Ein wichtiger Punkt ist, dass Systeme durch **Kommunikation** bestehen und operieren. Werden beispielsweise Handlungen verschiedener Menschen miteinander verknüpft, so entsteht ein System, das sich folglich von seiner Umwelt abgrenzen lässt.

Bezogen auf ein Unternehmen ist damit der Zusammenschluss aus Arbeitgeber und Arbeitnehmer gemeint, die im System *Firma* zusammen agieren.

Ein weiterer wichtiger Aspekt Luhmanns ist, dass Systeme **autopoietisch** funktionieren, sich also selbst erhalten und ihre Prozesse selbst steuern.

Autopoiesis:
Der Begriff der Autopoiesis stammt hinsichtlich seiner Wortherkunft aus dem Englischen (autopoiesis), Französischen (autopoiesis) sowie aus dem Griechischen (autos und poeisis). Dabei beschreibt er nichts anderes als die Selbsterschaffung sowie Selbsterhaltung eines Systems. Gemeint ist, dass ein System nicht nur sein Verhalten, sondern im Allgemeinen seine Existenz durch sich selbst erschafft. Geprägt wurde der Begriff durch den Biologen und Philosophen Humberto Maturana (1928-2021) und den Systemwissenschaftler, Biologen und Philosophen Francisco Varela (1946-2001). Sie sprechen im Sinne der Autopoiesis von lebenden, also autopoietischen Maschinen, die in sich geschlossen agieren. Später wurde der Begriff durch den Soziologen Niklas Luhmann (1927-1998) in dessen Theorien übernommen und auf die Theorien sozialer Systeme übertragen. Zu den Bestandteilen der Autopoiesis gehören dabei die

- Selbstreferenzialität, d.h. die interne Steuerung der eigenen Zustände,
- operative Geschlossenheit, also die Wahrnehmung des Gehirns einer Zustandsveränderung, die durch einen von außen initiierten Reiz selbst verändert werden kann sowie
- strukturelle Koppelung zur Umwelt, also die selbstständige Auswahl der Kontakte, die man wahrnehmen möchte.

Autopoietische Systeme ermöglichen und erschaffen sich somit selbst. Sie fungieren selbstreferenziell und produzieren und reproduzieren sich selbst. Aufgrund der Theorien der oben benannten Theoretikern wurden biologische Systeme mit dem Aufkommen autopoietischer Systeme nicht mehr als einzelne Merkmale, sondern stattdessen auf der Basis der prozesshaften Erhaltung charakterisiert. Hiermit wurde eine Definition von Leben geschaffen, die sich im weiteren Verlauf insbesondere im soziologischen Bereich und den mit dieser Fachrichtung einhergehenden Theorien für Systeme auswirkte.

Die Systemtheorie ist für uns vor allem durch diesen eben genannten Punkt der Autopoietisierung interessant: Erinnern Sie sich einmal daran, wann Sie das letzte Mal erfolgreiche Maßnahmen zur Bewältigung des Problems, das zwischen Ihnen und den Zielen Ihres Lebens steht, eingeleitet haben. Hier hilft Ihnen die Autopoietisierung vor allem, in den Situationen, in denen Sie früher angenommen haben, Sie seien der Verlierer und könnten etwas nicht schaffen. Statt sich dieser Situation zu ergeben, weigern Sie sich strikt gegen diesen Gedanken und lösen sich von diesem, um sich also ‚selbst zu erhalten' sowie Ihre eigene Richtung selbst zu steuern und zu regulieren – Sie wissen um Ihr Problem und können es selbst regeln. Hierzu verhilft Ihnen die systemische Beratung. Denn um sich diese Fähigkeiten zur Trennung von einem Problem zu vergegenwärtigen, entwickelte der australische Therapeut

Michael White gemeinsam mit *David Epston* im Rahmen einer systemischen Arbeitsweise die therapeutische Technik der systemischen Beratung, und zwar die „**Externalisierung von Problemen**".

Externalisieren bedeutet, gewisse Dinge, die im Inneren unseres Gedächtnisses schlummern und unsere Gedanken plagen, nach außen (also aus uns heraus) zu projizieren.

Dieses Verfahren gründet sich auf den Gedanken, dass die Wahrnehmung der Wirklichkeit eines Menschen subjektiv begründet wird und davon abhängt, welche Bedeutung ein Mensch dem gibt, was in seiner Wirklichkeit passiert.

Somit wird davon ausgegangen, dass ein Mensch über seine Fähigkeit zur Wahrnehmung verfügt. Zugeschriebene Bedeutungen hängen dabei von äußeren Einflüssen des Umfelds eines Menschen ab. Sie werden also elementar vom äußeren Raum mitbestimmt. Zum Beispiel spielen in Bedeutungszuschreibungen die bisherige Lebenserfahrung und Geschichten, die ein Mensch (über sich selbst) gehört hat, und auch Regeln, die er gelernt hat, mit hinein, sowie das subjektive innere Bild über sich selbst. Die systemische Beratung knüpft genau hier an. Dass nun jedoch Therapeuten überhaupt als soziale Akteure auf den Menschen und die von ihm interpretierte Wirklichkeit einwirken können, erklärt sich insofern, dass der Mensch zum einen nicht zwischen Wirklichkeit und Imagination unterscheiden kann und zum anderen als ein soziales Wesen gilt.

Im Rahmen der systemischen Therapie sind Wertschätzung und Anerkennung zwei wesentliche Bestandsmerkmale. Die „eine Seite der Geschichte" des Klienten wird im Zuge dessen angenommen und respektiert.

Diese Erkenntnis entspringt dem Gedanken, dass der Geist eines Menschen durch seine sozialen Interaktionen entsteht und nicht im Gehirn existiert.

Dieser Punkt ist wichtig bezüglich der Methode der Externalisierung und der zugrunde liegenden Annahme, die darauf basiert, dass das Problem das Problem sei und nicht etwa der Mensch selbst. Denn nicht gerade selten kommt es bei Klienten zu der Annahme, sie selbst oder ihre Beziehungen seien das Problem. Hierbei liegt auch der wesentliche Punkt im Unterschied zu anderen Praktiken, die meist auf ebendiesem Verständnis beruhen, dass ein Problem in der Identität einer Person liegt und beide somit eine Verbundenheit darstellen. Das Problem so hinter sich zu lassen, wird also vor allem dadurch erschwert, dass der Klient zur Annahme verleitet wird, auch einen Teil seiner Persönlichkeit hinter sich lassen zu müssen.

Die Praxis der Externalisierung hingegen verläuft nun so, dass der Klient mithilfe seiner Imagination eine neue Wirklichkeit erschaffen soll, in der das Problem keinen Teil mehr darstellt. Es werden neue Gewohnheiten und

Glaubenssätze konstruiert und die alten, welche die problematischen Aspekte beinhalteten, von der Identität getrennt. Problem und Person werden so also voneinander gesondert behandelt. Diese Trennung bietet neuen Raum für die Gestaltung der Identität und dem Klienten können seine Ressourcen bewusst zugänglich gemacht werden. Außerdem fällt es so leichter, alternative Handlungsmöglichkeiten für die problematischen Bereiche zu finden. Einengende Gedanken sollen eliminiert und dem Klienten seine weiten Möglichkeiten verständlich gemacht werden.

1. Schritt: Bezeichnung
Zu Beginn des Externalisierungsprozesses wird dem Problem ein Name gegeben, wodurch eine sprachliche Trennung erzeugt wird.

2. Schritt: Visualisierung
In dem darauffolgenden Schritt wird das Problem visualisiert und unter anderem danach gefragt, was passieren würde, würde man das benannte Problem (vorausgesetzt, es handelt sich um einen Gegenstand) anders positionieren.

3. Schritt: Beeinflussung & Beziehung
Dann werden dem Klienten Fragen zu dem Einfluss des Problems gestellt: zunächst natürlich auf den Klienten selbst bezogen, jedoch auch auf den Einfluss auf andere Personen in seinem Umfeld. Es werden auch Gegenfragen nach Zeiten gestellt, in welchen das Problem keinen Einfluss hatte, und ebenfalls, wie sich der Klient in diesen Zeiten gefühlt hat.

Was hat er unternommen, um das Problem zu eliminieren?

Auch Zukunftsfragen spielen eine Rolle, beispielsweise danach, was in der Zukunft getan werden kann, um sich dem Problem widersetzen zu können, und nach den damit zusammenhängenden Voraussetzungen.

Innerhalb des therapeutischen Prozesses werden auch immer wieder Fragen nach der Beziehung zu dem Problem gestellt, welche sich dann mithilfe der Imagination verändern soll.

Zum Beispiel wird danach gefragt, welche Beziehung zu dem Problem dem Klienten angenehmer erschien, eine fügsame oder eine sich widersetzende.

4. Schritt: Loslösung
Der Prozess steht also immer in Verbindung mit mentalem Training, dass aus dieser Imagination einer veränderten Beziehung zum Problem eine Realität wird, welche sich im Endeffekt positiv auf den Klienten auswirkt.

Exkurs:

Konstruktivismus

Die Methoden der Externalisierung und der narrativen, erzählerischen Therapie können als angelehnt an konstruktivistische Ansätze gesehen werden. Konstruktivistische Ansätze gehen prinzipiell davon aus, dass Menschen ihre Wahrnehmung der Welt, wie vom Namen abgeleitet, *konstruieren*. Hierbei spielt eine Rolle, dass Wissen nicht einfach passiv aufgenommen, sondern aktiv durch selbstständige Erschließung aufgebaut wird. Die Funktion des Wissens beläuft sich also nicht auf die Entdeckung der Realität, sondern vielmehr auf die Organisation der **Erfahrungswelt**.

Im Kontext der Wissensübermittlung, beispielsweise in der schulischen Institution, wäre es so zu verstehen, dass ein Schüler das vom Lehrer vermittelte Wissen nicht einfach so hinnimmt und abspeichert, sondern sich ein individuelles Bild des Wissens aufgrund seiner Voraussetzungen konstruiert. Der Schüler wird zur selbstständigen Auseinandersetzung mit den Wissensinhalten animiert – die Rolle des Lehrers nimmt eine unterstützende Funktion innerhalb dieses Prozesses ein. Für den Schüler spielen die Faktoren der **Lernsituation**, des **Vorwissens** und seiner **individuellen Einstellung** maßgeblich mit hinein.

Das bedeutet, dass die subjektive Realität, die im Rahmen der konstruktivistischen Leitidee erzeugt wird, mit den individuellen Prägungen eines Individuums zusammenhängt.

Der Prozess der Wahrnehmung und Konstruktion der Umwelt verläuft im Konstruktivismus wie folgt:

1. **Wahrnehmung** eines Reizes aus der Umwelt durch die Sinnesorgane. *Beispiel:* Sie sehen, dass draußen die Sonne scheint.

2. **Interpretation** des Reizes im Gehirn zu einem individuellen Sinneseindruck, der durch persönliche Einstellungen und Erfahrungen beeinflusst wird.

Beispiel: Hat es seit Tagen draußen nur geregnet und Sie haben schon sehnlichst die Sonne erwartet, empfinden Sie dies als angenehm. Haben Sie sich das letzte Mal, als Sie sich in der Sonne aufgehalten haben, jedoch einen Sonnenbrand geholt, assoziieren Sie den Sonnenschein eher mit etwas Negativem. Sie bemerken: Im Rahmen des Beispiels ist die Realität objektiv – die Sonne scheint. Wie dieser Sonnenschein in der Realität eines Individuums wahrgenommen wird, ist hingegen subjektiv.

Es gibt jedoch nicht *den* Konstruktivismus, vielmehr wird innerhalb des Konstruktivismus zwischen verschiedenen Ansätzen unterschieden:

1. Radikaler Konstruktivismus

Zu den Hauptvertretern des radikalen Konstruktivismus gehört neben dem Kommunikationswissenschaftler und Philosophen *Ernst von Glasersfeld* (1917-2010) auch der Philosoph und Kybernetiker *Heinz von Foerster* (1911-2002). Im Rahmen des radikalen Konstruktivismus ist man der Ansicht, dass ein Mensch unter keinen Umständen die Realität, die tatsächliche Wirklichkeit, eins zu eins so annehmen kann, wie sie objektiv erscheint. Ausschließlich subjektive Wahrnehmungen sind möglich. Es ist unmöglich für ein Individuum, seine persönlichen Grenzen zu überschreiten und die Realität in einer anderen Sichtweise als in der subjektiven wahrzunehmen.

Als Kernthesen gelten dabei: Menschen sind autopoietische, geschlossene Systeme. Sie sind mit der Umwelt lediglich strukturell gekoppelt, das heißt, dass sie Impulse von außen im Nervensystem „strukturdeterminiert" umwandeln. Die Umwandlung erfolgt dabei daher auf der Grundlage von emotionalen und kognitiven Strukturen. Auf diese Weise wird eine Wirklichkeit erzeugt, die keine Repräsentation oder eine Abbildung der Außenwelt ist. Vielmehr ist sie eine funktionale Konstruktion.

2. Interaktionistischer Konstruktivismus

Der interaktionistische Konstruktivismus bewegt sich im Feld des soziokulturellen Konstruktivismus. Dabei nimmt er verstärkt sowohl die kulturellen als auch die lebensweltlichen Perspektiven der Systemteilnehmer in den Blick, wenn es darum geht, die Wirklichkeit zu konstruieren. So wird versucht, den Konstruktivismus als Kulturentwicklung zu verstehen. Wissen wird demnach durch Gesellschaften und soziale Diskursgemeinschaften geschaffen und nicht durch realistische Weltabbildung. Jeder Mensch rekonstruiert, konstruiert und dekonstruiert die Welt im Laufe seiner Entwicklung. Wie ein Mensch das macht, ist abhängig von dem Individuum selbst und von seinem Umfeld. Ein Subjekt beeinflusst also, wie es seine Umgebung wahrnimmt.

3. Methodischer Konstruktivismus

Der methodische Konstruktivismus ist auch unter dem „Erlanger Konstruktivismus oder dem „Konstruktivismus der Erlanger Schule" bekannt und bezieht sich auf die Wissenschaftstheorie, schließt aber auch an die moderne Sprachphilosophie an. Die Wissenschaft wird als zweckgerichtetes Handeln verstanden, wodurch Sprachhandlungen zu zentralen Elementen dieser Theorie werden.

Dabei stützt sich der Konstruktivismus auf die Annahme, dass die Gegenstände, die zu einer Wissenschaft gehören, auf einer systemischen Konstruktion etabliert werden.

Gleichzeitig werden dabei Regeln konstruiert, die auf bestimmten Normen basieren und der Betrachtung dienen.

Außerdem basiert er auf der Grundlage des Unbehagens. Hier wird postuliert, dass innerhalb des wissenschaftlichen Diskurses zentrale Begriffe mit veränderten Bedeutungen gefüllt werden. Der methodische Konstruktivismus hat das Ziel, ein Ideal darzustellen, das innerhalb des wissenschaftlichen Dialogs eine möglichst hohe Verständigung erwirken soll.

Zur Referenz der Überschrift, warum die Medaille also mindestens zwei Seiten hat: Jeder Mensch hat aufgrund eigener Wahrnehmung, Vorgeschichte und Gefühle „eine Seite der Geschichte". Tritt dieser Mensch nun in Kommunikation mit (mindestens) einer anderen Person, kann es dazu kommen, dass die beiden Seiten ihrer individuellen Geschichten nicht harmonieren. Häufig entstehen dadurch, oder aber durch die Missachtung der Wahrnehmung der anderen Person, Konflikte.

Im Rahmen der systemischen Therapie sind nun Wertschätzung und Anerkennung zwei wesentliche Bestandsmerkmale. Die „eine Seite der Geschichte" des Klienten wird im Zuge dessen angenommen und respektiert.

Wir spielen alle Theater: Soziale Ordnungen und Hierarchien

Ist von Hierarchien die Rede, denkt der eine oder andere vielleicht direkt an Ständeordnungen der Gesellschaften früherer Zeiten – doch auch heutzutage sind verschiedene soziale Rollen in der Gesellschaft präsent. Für moderne Gesellschaften sind nicht vertikale Differenzierungen, wie zum Beispiel nach Klassen oder Schichten, sondern **funktionale Differenzierungen** kennzeichnend:

An die Stelle von hierarchischen Schichten als soziale Teilsysteme treten autonome Funktionssysteme, wie z. B. Politik, Wirtschaft, Recht, Religion, Wissenschaft etc. Diese werden vor allem in der Soziologie näher untersucht, zum Beispiel von dem amerikanischen Soziologen Talcott Parson, welcher dazu seine **deskriptive strukturfunktionale Rollentheorie** entwickelte.

Zunächst einmal zum Begriff **Strukturfunktionalismus**:

Der Begriff der Struktur beschreibt in diesem Kontext eine Konstante, die etwas Festes symbolisiert. Im Sinne von Parson wird Struktur dabei als eine Kette von in aller Regel stabilen Beziehungen zwischen unterschiedlichen Einheiten beschrieben.

Parson fragt danach, welche Aufgaben oder Funktionen einzelne Menschen durch ihre sozialen Handlungen, die ihnen zur Verfügung stehen, in einer Gesellschaft erfüllen können. Er untersucht also soziale Institutionen im Hinblick auf ihren Nutzen für den Zusammenhalt der Gesellschaft, wobei im Mittelpunkt das Individuum und dessen Motivation stehen. Das Ziel ist es, soziale Phänomene über Funktionen zu erklären.

Der Begriff *Funktion* bezieht sich in diesem Kontext auf das Handeln, das sich auf ein soziales System auswirkt. Diese Funktion beruht auf einem handelnden Individuum (Akteur), das zum Aufbau, der Erreichung, Erhaltung oder Veränderung eines bestimmten Zustands des Systems (= der Struktur) – zu dem der Akteur gehört – beiträgt. Die Funktion beabsichtigt, der Frage nachzugehen, wie soziale Strukturen gesichert werden. Das geschieht durch die vier elementaren Funktionen der Anpassung, Zielerreichung, Integration und Erhaltung der Strukturen.

Parsons Rollentheorie baut auf seiner ebenfalls entwickelten Systemtheorie auf, die soziale Systeme als Normsysteme versteht, welche wiederum eine soziale Ordnung ermöglichen. Im Zuge dessen entwickelte er ein **allgemeines Handlungssystem** sowie ein **Gesellschaftssystem**.

Innerhalb des allgemeinen Handlungssystems hängt jede Form menschlichen Handelns von vier verschiedenen Systemtypen ab:

- Soziales System:
Mit dem Begriff des sozialen Systems wird innerhalb des Handlungssystems die Integration übernommen. Hier entsteht ein Gemeinschaftsgefühl, das dafür sorgt, dass das Individuum in die Gesellschaft integriert wird. Das Mittel der Integration stellen dabei die affektiven Bindungen zu anderen Menschen dar.
- Kulturelles System:
Innerhalb des Kultursystems geht es um die Normerhaltung. Hier werden dem Individuum im Rahmen des Handlungssystems soziale Normen vorgegeben, die ihm zur Orientierung dienen.
- Verhaltenssystem:
Unter dem Begriff des Verhaltenssystems werden verschiedene Handlungszusammenhänge auf kognitiver Ebene erfasst. In seiner Ausgestaltung richtet es sich spontan auf seine in Veränderung befindliche Umwelt ein. Innerhalb des Handlungssystems übernimmt das Verhaltenssystem die Aufgabe der Anpassung, die mithilfe der vorhandenen Intelligenz durchgeführt wird.
- Persönlichkeitssystem:
Im Rahmen von Persönlichkeitssystemen geht es um die Zielsetzung sowie um die Verwirklichung konkreter Ziele. Das Persönlichkeitssystem stellt daher in den spezifischen Situationen unterschiedliche Handlungsmöglichkeiten zur Verfügung.

Die hier benannten Subsysteme des Handlungssystems üben spezifische Systeme aus, die für das Bestehen des Handlungssystems sowie dessen Gleichgewicht wesentliche Bestandteile sind. Die einzelnen Subsysteme stehen dabei in einem Austausch zueinander und bedingen sich gegenseitig. Sie versetzen das Individuum in die Lage, Kapazitäten zu entwickeln, mit denen spezifische Rollen innerhalb einer Gesellschaft ausgeübt werden sowie soziale Bindungen eingegangen werden können. Handlungen innerhalb des Handlungssystems werden daher nicht isoliert betrachtet, sondern innerhalb eines vorstrukturierten, funktionalen Zusammenhangs des Systems.

Im Gesellschaftssystem lassen sich ebenfalls vier Ebenen unterscheiden:

- Politisches System:
Das politische System umfasst die Gesamtheit aller politischen Institutionen sowie die politischen Prozesse und die Inhalte, die sich auf politische Entscheidungen beziehen. Das politische System ist dabei ein Teilsystem der Gesellschaft, das der Erzeugung von verbindlichen Entscheidungen, die der Allgemeinheit zuträglich sind, dient. Demnach ist das politische System der Teil einer Gesellschaft, in dem Macht nicht nur erzeugt, sondern auch verteilt wird. Im Rahmen des Handlungssystems nimmt das politische System die Funktion der Zielerreichung ein. Hier handelt es sich vor allem um kollektive, also der Gesellschaft zuträgliche Ziele. Diese Ziele dienen dem öffentlichen, der Gesellschaft übergeordneten Interesse.
- Ökonomisches System:
Das ökonomische System wird innerhalb des Handlungssystems auch als Wirtschaftssystem bezeichnet. Innerhalb des Gesellschaftssystems ist das ökonomische System für die Austauschbeziehungen auf der Basis des Mediums Geld verantwortlich. Vielmehr geht es daher darum, die innerhalb der Gesellschaft agierenden Mitglieder mit Gütern und Dienstleistungen zu versorgen. Im Rahmen des Modells übernimmt es die Funktion der Anpassung.
- Gesellschaftliches Gemeinschaftssystem:
Das gesellschaftliche Gemeinschaftssystem wird innerhalb des Handlungssystems auch als Gemeinwesen beschrieben. Im Rahmen des Gesellschaftssystems ist das gesellschaftliche Gemeinschaftssystem dabei für die Festlegung der Rechte und Pflichten innerhalb eines Gesellschaftssystems verantwortlich. Zudem werden hier Beziehungen zwischen den Personen einer Gesellschaft strukturiert. Es geht daher um die soziale Integration sowie die Kontrolle, die auf den gesellschaftlichen Normen (Rechtsordnung) basiert. Im Rahmen des Modells des Handlungssystems übernimmt es die Aufgabe der Integration.
- Treuhandsystem (Bildung):
Das Treuhandsystem wird innerhalb des Handlungssystems auch als kulturelles System beschrieben. Es bezieht sich auf die Vorgänge der Bildung und beschreibt die Fähigkeit, auf der Basis der gemeinsam anerkannten Werte, die von den Individuen einer Gesellschaft als moralisch und bindend empfunden werden, zu agieren. Es basiert daher auf der Aufrechterhaltung von kulturellen Orientierungsmustern durch Werte, die im Rahmen von Sozialisationsprozessen innerhalb der Familie und Schule sowie durch die Wissenschaft und Kunst vermittelt werden. Hier geht es daher um Wertverpflichtungen, wodurch das Treuhandsystem funktional betrachtet die Erhaltung der Strukturen übernimmt.

Unter einem **sozialen System** wird nach Parson ein System von Interaktionsprozessen zwischen Akteuren verstanden. Soziale Systeme übernehmen damit die Funktion einer gemeinsamen Kultur. Innerhalb dieser gemeinsamen Kultur wird nicht nur die Interkommunikation der Mitglieder des sozialen Systems abgebildet. Vielmehr wird ein relativer Status definiert, der das soziale System in einer bestimmten Weise festlegt.

Parsons versucht, den Zusammenhang der Gesellschaft so als System zu begreifen, das heißt, als das zwischenmenschliche Verhaltensgefüge, also die Struktur, die in Teilen in wechselseitiger Abhängigkeit (‚Interdependenz') zueinander steht. Dieses System erhält sich durch objektiv gewordene Normen und Werte in der Gesellschaft selbst aufrecht.

Im Rahmen der Rollentheorie von Parsons ist das menschliche Handeln an spezifische Rollen gebunden. Wird das menschliche Handeln ausgegrenzt, wird häufig auch von sozialen Rollen gesprochen. Mit dem Begriff der sozialen Rollen werden dabei Rollen beschrieben, die mit bestimmten Verhaltenserwartungen an die verschiedenen Akteure einhergehen. Außerdem sind sie normativ gesteuert. Sie richten sich also an Normen.

Ein Beispiel dafür ist die Rolle der Mutter. Diese Rolle resultiert daraus, was von ihr in ihrer Rolle auf der Basis von kulturellen Erwartungen gefordert wird. Jedoch gilt, zu berücksichtigen, dass jedes Individuum nicht eine spezifische Rolle hat, sondern oft mehrere gleichzeitig und häufig nacheinander folgende Rollen: Die Rolle eines Individuums kann dabei sowohl ein Vater als auch ein Ehemann, Angehöriger, ein Arbeitskollege, ein Verein oder eine Partei einnehmen.

Im Kontext jeder dieser Rollen müssen andere Erwartungen erfüllt werden. Diese gehen mit den Erwartungen anderer Individuen einher, die mit diesen Erwartungen in einem Konflikt stehen können. Hier spricht man auch von sogenannten Rollenkonflikten.

Im Rollenbegriff ist die Rolle also der Schnittpunkt von Persönlichkeit und Gesellschaft und stellt eine Hilfe dar, den Menschen in ein System zu integrieren. Rollen stellen in einer Gesellschaft oberste Prioritäten dar, um das gesellschaftliche System abzusichern.

Akteure richten in Interaktionen ihr Handeln an den ihnen bekannten Erwartungen aus. Die Rollenerwartungen, etwa zwischen Schülern und Lehrern, sind nicht beliebig geschaffen, sondern in die Funktionalität des jeweiligen Systems eingebunden. Werden diese Erwartungen befolgt, führt dies zu regelmäßiger und gleichmäßiger Verteilung von Anerkennung und Belohnung, die durch ebendiese Regelmäßigkeiten Struktur bekommen. Gleichermaßen kommt es jedoch zu Ablehnung und Bestrafung, wenn sie nicht erfüllt werden. Allerdings spielt hier auch oft der natürliche Reiz mit hinein, negative Auswirkungen zu vermeiden, was wiederum zur Anpassung an das System führt und wodurch sich Individuen an die ihnen zugewiesenen Rollen im System halten.

Parsons stellt sich die zentrale Frage, wie soziales Handeln beschaffen sein muss, damit es die Funktion der Gesellschaft bestärkt: Dieser bereits erwähnte Reiz zur Vermeidung negativer Auswirkungen, wie auch die Aussicht auf Belohnungen, sind zwei große Anreize, sich den Erwartungen der Gesellschaft zu fügen. Ein optimales Rollenhandeln erfolgt dann, wenn die agierende Person in Übereinstimmung mit ihren Bedürfnissen handelt und gleichzeitig die Erwartungen des Gegenübers erfüllt. Um sich auf verschiedenen sozialen Ebenen beteiligen zu können, wird ein Akteur im Laufe seines Lebenswegs in immer komplexere Rollenstrukturen hereingeführt. Die Gesellschaft wird dadurch stabilisiert, dass **individuelle Bedürfnisse** und **soziale Erwartungen** zusammenfallen. Verschiedene Arten von Interaktionen bezüglich sozialer Erwartungen und Persönlichkeit unterscheiden zu können, ist jedoch keineswegs immer einfach. Deshalb ist es wahrscheinlich, dass in allen Gesellschaften auch Bedürfnisse unterdrückt werden.

Ein wesentliches Unterscheidungsmerkmal sozialer Rollen liegt darin, ob die jeweilige Position **zugeschrieben** oder **erworben** ist. Zugeschriebene Positionen sind dem Individuum ohne Mitwirkung zugefallen, z. B. Nationalität oder Alter. Dabei muss sich das Individuum mit der zugeschriebenen Rolle arrangieren und hat keinen Gestaltungsfreiraum, muss die Rolle also so hinnehmen. Erworbene Positionen hingegen kann das Individuum durch eigene Handlungen erreichen. Dabei spielt in Gesellschaften vor allem das Bildungssystem eine entscheidende Rolle. In Schulen und Universitäten werden die Bedürfnisse der Gesellschaft und die freie Wahl des Individuums aufeinander abgestimmt, wobei das Leistungssystem eine Rolle spielt. Durch bestimmte Qualifikationen haben Individuen unterschiedlich gute Chancen auf Rollen in bestimmten Bereichen.

Wie bereits erwähnt, kann es in einer solchen, auf Rollensystemen basierenden Gesellschaft, zu **Rollenkonflikten** kommen, wenn die verschiedenen Erwartungen nicht im Einklang miteinander stehen. Dabei lassen sich verschiedene Formen von Rollenkonflikten unterscheiden:

Zunächst zum **Intrarollenkonflikt**: Bei diesem handelt es sich um einen Konflikt, der sich auf die Erwartungen verschiedener Bezugsgruppen innerhalb einer Rolle bezieht, die sich nicht miteinander vereinbaren lassen. Dem Individuum stehen also widersprüchliche Erwartungen gegenüber, die es erfüllen soll – eine Erfüllung aller Erwartungen ist dementsprechend unrealistisch. Das Individuum muss also unter Abwägung der Konsequenzen entscheiden, welche Erwartungen es am besten zu erfüllen gilt.

Ein Beispiel für einen Intrarollenkonflikt:
Frau Meier ist eine Angestellte in einer Kindertageseinrichtung. Die Leitung der Kindertageseinrichtung erwartet aufgrund ihrer Rolle von ihr, dass sie pünktlich zum Feierabend den Gruppenraum aufgeräumt hinterlässt, sodass die Einrichtung pünktlich zur Schließzeit schließen kann. Parallel zu den Erwartungen, die die Leitung an Frau Meier heranträgt, erwarten die Eltern der Kinder, die in der Kindertageseinrichtung in der Gruppe von Frau Meier betreut werden, dass sie ihnen eine Rückmeldung zum Verlauf des Tages erteilt. Aus diesem Grund gerät Frau Meier in den Konflikt, die Leitung zufriedenstellen zu wollen und gleichzeitig den Eltern gerecht werden zu können. Aufgrund der widersprüchlichen und überschneidenden Rolle steht Frau Meier damit aufgrund der Erwartungen, die an sie herangetragen werden, vor einem schier unlösbaren Intrarollenkonflikt.

Der **Interrollenkonflikt** hingegen thematisiert den Rollenkonflikt, der dann entsteht, wenn innerhalb der verschiedenen Rollen einer Person widersprüchliche Erwartungen auftreten. Daraus kann immer dann ein Problem entstehen, wenn ein Mitglied eines Systems zwei Rollen gleichzeitig übernimmt.

Ein Beispiel dafür wäre, wenn der Chef von einer Mutter bzw. einem Vater verlangt, länger zu arbeiten, die Kinder jedoch die Erwartung an den Elternteil haben, mehr Zeit mit ihnen zu verbringen. Auch bei diesem Konflikt müssen Konsequenzen für die Lösung des Problems abgewogen werden.

Des Weiteren gibt es den **„Person-Rollen-Konflikt“**. Dieser tritt immer dann auf, wenn sich die unterschiedlichen Rollenerwartungen nicht mit den persönlichen Interessen des Systemteilnehmers sowie den eigenen Bedürfnissen der Person vereinbaren lassen. Hierbei ist ein Akteur nicht fähig dazu, eine Erwartung zu erfüllen, zum Beispiel aufgrund von Überforderung oder weil die gesellschaftlichen Erwartungen nicht seinen persönlichen Werten und Einstellungen entsprechen. Der Träger der entsprechenden Rolle ist dabei nicht fähig oder nicht gewillt, eine bestimmte Rolle auszuführen. Eine Lösung des Problems erfolgt, indem sich die Person der Rolle anpasst oder versucht, in die Rolle hineinzuwachsen und sich der Herausforderung zu stellen. Es kann auch der Fall eintreten, dass sich die Rolle an die Person anpasst, also zum Beispiel ihre Erwartungen an sie lindert und sich mit geringeren Leistungen zufriedengibt. In diesem Fall akzeptieren die Bezugsgruppen beispielsweise, dass sie an den Rollenträger eine nur noch geringe Rollenerwartung herantragen. In diesem Fall respektiert die Bezugsgruppe, dass der Rollenträger mit der Ausführung der Rolle überfordert ist.

Ein Beispiel für einen Person-Rollen-Konflikt:
In einer Supermarktfiliale stirbt der Vorgesetzte plötzlich. Aufgrund der zu besetzenden Rolle wird eine der langjährigen Verkäuferinnen für die Übernahme dieser Rolle von Seiten der Geschäftsführung bestimmt. Weil sie nicht über die entsprechende Führungskompetenz verfügt und auch eher wenig Durchsetzungsvermögen hat, sieht sie der Übernahme dieser Rolle mit Überforderung entgegen. Hinzu kommt, dass sie es bisher gewohnt war, Anweisungen auszuführen und nicht ihre Kollegen anzuweisen. Für die Übernahme ergeben sich für die Verkäuferin daher zwei Möglichkeiten:

- Sie führt die Rolle dauerhaft schlecht aus, da ihr die nötigen Kompetenzen fehlen, wodurch die Wirtschaftlichkeit des Unternehmens bedroht wird.
- Sie stellt sich der Herausforderung. Dabei wächst sie mit der Zeit und durch Learning by Doing in ihre Rolle hinein und kann die damit verbundenen Erwartungen gut erfüllen.

Zu Rollenkonflikten kann es auch aufgrund eines **Ressourcenmangels** kommen: Eine Person möchte eine bestimmte Rolle zwar ausführen, hat aber nicht die dafür notwendigen Mittel zur Verfügung.

Ein einfaches Beispiel: Ein Schüler, der pünktlich zum Unterricht erscheinen möchte, dessen Bus jedoch unerwartet Verspätung hat. Gelöst wird dieser Konflikt meist durch Improvisation.

Defizites Rollenwissen kann ebenfalls die Ursache eines Konfliktes darstellen. In solch einem Fall sind die Rollenerwartungen an die Bezugsgruppe nicht klar genug definiert und eine Person weiß nicht, was auf sie zukommt. Dadurch kann es zu typischen „Anfängerfehlern“ kommen und der Handelnde muss hoffen, dass die Bezugsgruppe einen solchen Fehler verzeihen kann.

Ein Beispiel für defizites Rollenwissen:
Ein junger Mann erhält unerwartet das Sorgerecht für seine zweijährige Tochter, von deren Existenz er bis dahin nichts wusste. Die Mutter hatte ihn über seine Vaterschaft nach Ende der Beziehung nicht informiert. Da sie sich nun für längere Zeit einer medizinischen Behandlung unterziehen muss und nicht auf ein familiäres Netz zurückgreifen könnte, das sich um ihre Tochter kümmert, sieht sie sich gezwungen, zu ihrem Exfreund Kontakt aufzunehmen. In diesem Zuge wird er mit der Vaterschaft konfrontiert und willigt ein, sich um seine Tochter zu kümmern. Da er auch sonst keine Kinder hat, ist die Rolle des Vaters für ihn Neuland, wodurch sich typische Anfängerfehler im Umgang mit seiner Tochter einstellen.

Nach diesen negativen Aspekten des Rollensystems gilt es, die positive Seite zu beleuchten. Zwar gelingt es nicht jedem, sich bestimmten Rollen zu fügen, vor allem nicht, wenn dies ungewollt und unter Druck von außen forciert wird. Dennoch geben vielen Menschen fest zugeschriebene Rollen ein Gefühl von Stabilität, Sicherheit und Orientierung in ihrem Alltag. Hauptsächlich durch vorgeschriebene Erwartungen innerhalb einer sozialen Rolle bietet das System den Akteuren Berechenbarkeit, da es durch die festgesetzten Schemata absehbare Konsequenzen gibt.

Familie

Für das System „**Familie**" spielt das Rollensystem in der systemischen Beratung insofern eine Rolle, als Familien sich oft innerhalb von Zuschreibungen und Beziehungsmustern wiederfinden, die sich im Verlauf der Zeit auf der Basis des familiären Zusammenlebens entwickelt haben. Dabei haben sich selbige so stabilisiert, dass sie fortlaufend immer wieder nach dem gleichen Muster ablaufen. Zudem betrachtet die systemische Beratung das Verhalten von Individuen nicht isoliert, sondern auf der Basis ihrer Eigenschaften, die sich aufgrund ihrer Beziehungen und Interaktionen innerhalb ihrer jeweiligen Systemumwelt ergeben. Es geht daher um die Ausdehnung von spezifischen Wahrnehmungs- und Handlungsmöglichkeiten. Der Gegenstand der systemischen Beratung im System „Familie" ist dabei die Lösung bestehender psychosozialer Probleme. Bei der Bearbeitung selbiger stützt sich das Vorgehen der systemischen Beratung auf die Grundlagen der Systemtheorie, auf deren Basis sie das Verhalten von Menschen beschreibt und Handlungsmöglichkeiten ableitet. Hierbei geht es nicht zwangsläufig um die Anwesenheit oder die Behandlung des gesamten Systems „Familie", sondern vielmehr um die sich aus dem System ergebenden Interaktionsstrukturen innerhalb der Familie.

Um den konstruktiven Austausch zu fördern, ist es wichtig, diese Beziehungsmuster im Rahmen der Therapie zu erkennen. Zudem müssen diese Beziehungsmuster aufgebrochen werden. Auf diese Weise können neue und für das familiäre Zusammenleben konstruktive Möglichkeiten der Kommunikation erwirkt werden.

Komplexe Systeme

Für komplexe Systeme nimmt die systemische Beratung ebenso einen wichtigen Stellenwert ein. Auch hier orientiert sich selbige an den Grundlagen der Systemtheorie. Im Rahmen komplexer Systeme beabsichtigt sie, komplexe Probleme nicht auf einen einzelnen Sachverhalt zu reduzieren, sondern vielmehr diesen auf der Basis des Gesamtzusammenhangs des Unternehmens zu betrachten. Somit wird unter einem komplexen System ein System verstanden, dessen Eigenschaften nicht vollumfänglich anhand der Bestandteile des Systems erklärt werden können. Daraus resultiert, dass komplexe Systeme aus vielen interagierenden Teilen bestehen. Innerhalb von komplexen

Systemen werden dabei die Systemteilnehmer als die Experten des Problems identifiziert, die das Problem aufgrund der Anregungen und hinführenden Fragestellungen der systemischen Beratung selbstständig lösen können. Komplexe Systeme können dabei nur dann verstanden werden, wenn die Regeln des Systems sowie das Verhalten der in diesem System agierenden Personen verstanden werden. Auch in diesem Zusammenhang geht es für die konkrete Auflösung eines Sachverhalts oder die Lösung eines Problems um die Betrachtung der sozialen Vernetztheit der Menschen, die innerhalb der komplexen Systeme agieren. Besonders komplexe Beispiele für komplexe Systeme aus dem Alltag sind hier der Finanzmarkt, das menschliche Nervensystem, multinationale Konzerne sowie das Internet.

Systemische Beratung

Die systemische Therapie bezieht sich zunächst auf die systemtheoretischen Grundlagen, die systemische Familientherapie sowie die Grundlagen der Beratungswissenschaft. Es geht darum, die Beziehungsstrukturen und Verhaltensweisen eines Individuums innerhalb des Systems zu verstehen und zu erklären. Wer nimmt welche Rollen ein? Dem Berater kommt dabei die Aufgabe zu, sich auf die beim Klienten vorhandenen Ressourcen zu stützen, die dieser im Rahmen des Beratungsprozesses mitbringt. Innerhalb des Beratungsprozesses kann dabei meist aufgedeckt werden, dass die Betroffenen über Kompetenzen und Fähigkeiten verfügen, die bisher von ihnen nicht genutzt oder falsch eingesetzt wurden.

Damit die Betroffenen diese Zusammenhänge besser verstehen und erkennen, welchen Sinn die jeweiligen Merkmale innerhalb ihres Systems verfolgen, können sie diese leichter bewältigen.

Die systemische Haltung – was macht den Berater besonders?

Die Haltung des systemischen Beraters beziehungsweise der Beraterin spielt innerhalb der systemischen Beratung eine zentrale Rolle. Sie ist insbesondere dann wichtig, wenn es darum geht, ein Individuum in seinen Fähigkeiten und den damit verbundenen Ressourcen zu bestärken. Hierbei erhält der Klient Impulse durch den Berater. Auf diese Weise können die Klienten an ihren Formen der Wahrnehmung, ihren Denkmustern sowie ihren Wertvorstellungen arbeiten, ohne dass dabei Erfolgsdruck aufgebaut wird. Bei der Gestaltung der therapeutischen Beziehung zwischen Berater und Klient achten Berater im Wesentlichen auf zwei Aspekte:

Gleich zu Beginn geht es um die Klärung und Vereinbarung dessen, was durch die Klienten geleistet werden soll. Im Anschluss erfolgt die Bemühung um einen durch Mitgestaltung geprägten Prozess, der der Situation zuträglich ist. Systemische Konzepte und somit auch die Ausrichtung der Therapie durch die Berater zielen nicht auf die kausale Veränderung des Erlebens oder Verhaltens von Klienten. Sie zielen vielmehr auf die Mitgestaltung eines **kommunikativen Rahmens**, der geeignet ist, die Veränderung der Klienten gemäß ihren Wünschen und Möglichkeiten zu erleichtern. Die sogenannte „systemische Haltung" ist der zentralste Aspekt in den systemischen Beratungsformaten, die sich auf die fünf Aspekte der Neutralität beziehen lässt:

1. Beziehungsneutralität

Mit dem Begriff der Beziehungsneutralität wird eine Haltung beschrieben, bei der der Berater beziehungsweise die Beraterin sich gegenüber den Beziehungen gegenüber abwesenden und teilnehmenden Mitgliedern eines spezifischen Systems (zum Beispiel aus den Systemen Familie, Ehe, Team oder aus einem Unternehmen) neutral verhalten. Das Ergreifen einer spezifischen Partei ist dabei sowohl gegenüber der anwesenden als auch gegenüber der abwesenden Personen vollumfänglich zu vermeiden. Gleiches gilt für spezifische Anteile der Persönlichkeit oder Rolle von Klienten.

2. Problemneutralität

Mit dem Begriff der Problemneutralität wird die Haltung beschrieben, innerhalb der der Berater sich im Hinblick auf die geschilderten Verhaltensweisen und Problemzusammenhänge neutral verhält. Das heißt, durch den Berater wird keinerlei Wertung vorgenommen. Im Kontext der Problemneutralität ist es vielmehr die Hauptaufgabe des Beraters, die Beschreibung von Problemen zu befördern. Darüber hinaus sollen die Problembeschreibungen den jeweiligen Sinn sowie die Funktion des Problems sichtbar machen, dieses also aufdecken. Dabei stützen sich die Problembeschreibungen auf die vorhandenen Ressourcen der Klienten.

3. Konstruktneutralität

Mit dem Begriff der Konstruktneutralität wird die Aufgabe von Beratern beschrieben, sich gegenüber den Beschreibungen, Begründungen, Erklärungen, Meinungen, Sichtweisen und Gefühlen, also gegenüber allen Konstrukten ihrer Klienten, neutral zu verhalten. Dies gilt sowohl für direkt als auch für indirekt beteiligte Mitglieder eines Systems. Jede von den beteiligten Personen geschilderte Sichtweise sollte dabei als individuell passend und gleichwertig erachtet werden. Mit dem Begriff der Neutralität ist dabei daher nicht das Fernbleiben der eigenen Meinungen und Sichtweisen beschrieben, sondern vielmehr die gleichberechtigte Einordnung ebendieser. Die Einordnung erfolgt dabei zu den unterschiedlichen anderen Meinungen sowie Sichtweisen der Klienten.

4. Lösungsneutralität

Unter dem Begriff der Lösungsneutralität wird die Haltung von Beratern beschrieben, sich gegenüber den Lösungsvorschlägen derjenigen Personen, die sowohl direkt als auch indirekt an der jeweiligen Problemstellung beteiligt sind, neutral zu verhalten. Im Verlauf des Gesprächs mit den Klienten werden dabei die konkreten Lösungswege herausgearbeitet, erweitert und sinnvoll geordnet. Im Anschluss erfolgt die Bewertung durch die Beteiligten. Die Einigung auf eine als passend erachtete Sichtweise sowie die zugehörigen Lösungsschritte sollten dabei zwischen den Klienten stattfinden, ohne dass Sie als Beratender aktiv darauf Einfluss nehmen oder eine Wertung der jeweiligen Sichtweisen vornehmen müssen.

5. Veränderungsneutralität

Mit der Veränderungsneutralität wird die Haltung von Beratern beschrieben, sich gegenüber Veränderungstendenzen sowie der Beständigkeit innerhalb des Systems der Klienten neutral zu verhalten. Hierbei akzeptieren Berater, dass Veränderungen nicht in ihrer Hand liegen und nur durch die Klienten erwirkt werden können. Treten Veränderungen ein, werden diese hingenommen. Treten keine Veränderungen ein, wird dies ebenfalls hingenommen. Gleiches gilt für die Entscheidung der Klienten, ob sie eine konkrete Entscheidung für oder gegen eine Veränderung treffen wollen oder nicht. Auch wenn sich nichts verändert, ist dies ein mögliches Ereignis, das von Beratern im Prozess der Beratung hinzunehmen ist. Gegenüber der Geschwindigkeit sowie der Ausprägung und Richtung der Veränderungen haben Berater ebenfalls eine neutrale Haltung zu wahren.

WAS IST BESONDERS?

Innerhalb der systemischen Beratung ist der Berater für jeden da. Das heißt, er ist allparteilich. Innerhalb der systemischen Beratung kann er durch diese Haltung und aufgrund seines Verständnisses auf alle Verhaltensweisen Bezug nehmen und in diesem Kontext als eine Art Anwalt der unterschiedlichen oder sich widersprechenden Sichtweisen agieren. Als Basiswert der Beratung gilt dabei die **Wertschätzung**. Dies impliziert, dass die Realität sowohl durch den Berater als auch durch die Klienten angenommen wird. Dabei akzeptieren sowohl der Berater als auch die Klienten die Situation so, wie sie ist. In diesem Kontext nimmt der systemische Berater eine Rolle ein, in der er die Störungen der jeweiligen Systeme erkennen kann. Dies versetzt ihn in die Lage, gemeinsam mit seinen Klienten und den innerhalb des Systems agierenden Bezugspersonen Lösungsansätze herauszuarbeiten.

Bei der systemischen Therapie steht, anders als bei anderen psychotherapeutischen Verfahren, nicht nur der einzelne Patient, sondern auch das System, in dem er sich bewegt (zum Beispiel Familienmitglieder, Arbeitskollegen, Institutionen oder Ähnliches) im Mittelpunkt der Betrachtung. Bei anderen Psychotherapieverfahren, wie beispielsweise der Psychoanalyse oder der Verhaltenstherapie, versucht der Therapeut, Lösungen für ein Problem in der Vergangenheit, speziell in der Kindheit, zu finden. Folglich liegt hierbei der Fokus auf dem **Patienten und seiner Lebensgeschichte** selbst, die äußeren Faktoren haben zwar Einfluss, jedoch nicht im selben Ausmaß wie bei der systemischen Therapie. Der Unterschied zur Psychotherapie liegt folglich darin, dass in der systemischen Therapie der Schwerpunkt auf dem **sozialen Kontext** von psychischen Störungen liegt. Innerhalb der systemischen Therapie wird die psychische Erkrankung der einzelnen Person nicht einzeln betrachtet, sondern vielmehr als eine Störung innerhalb der Interaktion in dem System, in dem sich die betreffende Person bewegt.

Hierin liegt begründet, dass innerhalb der systemischen Therapie die wichtigen Bezugspersonen der Klienten häufig direkt einbezogen werden. Auf diese Weise kann die Therapie mit einem sogenannten Mehrpersonensetting abgehalten werden. Dieses Vorgehen ermöglicht es, das konkrete Leiden der Klienten auf die jeweiligen Beziehungen und Interaktionen zu beziehen und in ein Verhältnis zum Problembezug zu setzen. Im Nachgang kann dann der Problembezug vor dem Hintergrund der Interaktionen sowie der involvierten Personen innerhalb des Systems analysiert werden. Im Anschluss können diese nach Bedarf verändert werden.

Ein weiterer wichtiger Aspekt ist, dass die systemische Therapie als **Begleitung** und **Stabilisierung** der Lebenssituation dient, jedoch nicht versucht, diese konkret zu behandeln und zu kurieren, wie es bei der Psychotherapie der Fall ist.

Konkret bedeutet dies, dass die systemische Beratung in einem indirekteren Stil arbeitet. Es geht somit nicht darum, eine konkrete Lösung für einen Sachverhalt vorzuschlagen. Vielmehr geht es darum, die Lösung auf der Basis der Prozesse der Selbstreflexion der Klienten oder aber je nach Kontext der Gruppe (Selbstorganisation) aufzubauen. Folgt man den theoretischen Annahmen, entstehen Probleme auf der Basis von konstruierten Wirklichkeiten. Diese werden durch die Methoden der systemischen Beratung in eine gewisse Irritation versetzt.

Die beratende Person sollte sich keine Lösungsvorschläge „anmaßen“ und so die ratsuchende Person in ihrer Handlungsfähigkeit nicht einschränken. Systemische Beratung kann dabei als „Hilfe zur Selbsthilfe“ verstanden werden.

Ressourcenorientiert

Die Absicht der systemischen Beratung ist es dabei, für eine Erweiterung der Wahrnehmungs- und Handlungsmöglichkeiten zu sorgen und selbige zu generieren. Idealerweise werden auf diese Weise die Fähigkeiten und Ressourcen, die die Klienten innehaben, aktiviert. Diese tragen auf diese Weise zur Lösung der konkreten Problemstellung bei.

Das liegt vor allem daran, dass der Berater grundsätzlich von der Annahme ausgeht, dass Klienten bereits über alle Ressourcen verfügen, die für die Bearbeitung eines spezifischen Problemzusammenhangs benötigt und vorausgesetzt werden. Obwohl diese Ressourcen beim Klienten vorhanden sind, wurden diese bisher noch nicht genutzt, weshalb er sich dieser vorher nicht bewusst war.

Im Kontext von Therapie und Beratung kann der Begriff der Ressourcen sehr umfassend definiert und verstanden werden. In Bezug auf diese Elemente tauchen häufig Begriffe wie „Kraftreserven", „Stärken" oder „Potenziale" eines Menschen oder einer spezifischen Umwelt auf, die als Synonyme für den Begriff der Ressourcen verwendet werden.

Außerdem gibt es das Verständnis von Ressourcen als Kraftquellen. Aus diesen Kraftquellen können all die Ressourcen beschafft werden, die für die Ausgestaltung eines guten und zufriedenstellenden Lebens notwendig sind. Ebenso dienen diese Kraftquellen der konkreten Problemlösung sowie dem Umgang mit den akut bestehenden Schwierigkeiten.

Des Weiteren können Ressourcen als **„positive Personen- und Umweltpotentiale"** zur Alltags- und Krisenbewältigung beitragen sowie Möglichkeiten eröffnen, durch die persönliche Interessen, langfristige Ziele oder die eigenen Motivationen verwirklicht werden können. Dadurch kann ein allgemeines Wohlbefinden geschaffen werden. Im Laufe des Lebens sowie im Rahmen der persönlichen und individuellen Entwicklung kann sich die Bedeutung der vorhandenen Ressourcen für den Klienten verändern. Gleiches gilt für die Funktionen der Ressourcen. Die verfügbaren Ressourcen können sich auf verschiedene Arten weiterentwickeln und sollten deshalb unter den Aspekten **Aufgabenabhängigkeit** (1), **Funktionalität** (2) und **Sinnzuschreibung** (3) sowie mit Blick auf die jeweils vorliegende Situation betrachtet werden. Unter der Betrachtung dieser drei Aspekte lässt sich der Ressourcenbegriff einfacher definieren: Die **Aufgabenabhängigkeit** versteht den Nutzen von Ressourcen, die sich für belastende Lebenssituationen aufgrund der konkreten Anforderungen mit Blick auf die konkrete Verwendbarkeit ergeben.

Der Begriff der **Funktionalität** geht dabei zurück auf die Einschätzung der vorhandenen Potenziale. Ebendiese Potenziale sorgen auf der Basis der Funktionalität für die Umsetzung und Erreichung von persönlichen Motiven, Interessen sowie Zielen.

Bewertung und **Sinnzuschreibung** meint, dass Ressourcen als solche erst im Prozess ebendieser Bewertung und Sinnzuschreibung erkannt werden müssen. Das liegt vor allem daran, dass erst dann, wenn die bei Klienten vorhandenen Potenziale des Individuums und dessen Umwelt als zweckmäßig erachtet werden als sinnhaft erkannt werden können. In der Folge werden sie zu hilfreichen Ressourcen. Die Wahrnehmung und Sinnzuschreibung im Hinblick auf die Zweckmäßigkeit der Ressourcen verläuft nicht nur individuell, sondern hängt auch von Faktoren wie der Einschätzung der jeweiligen Potenziale, der individuell vorliegenden Stimmung, dem Wertesystem und auch den gegenwärtigen sowie langfristigen Zielen ab. Des Weiteren wird zwischen zwei Arten von Ressourcen unterschieden: den **Personen**- und den **Umweltressourcen**. Zu den **Personenressourcen** zählen Stärken und Fähigkeiten eines Individuums, wie zum Beispiel (Selbst-) Reflexion, emotionale Ausstattung sowie die erworbenen Copingstrategien. Darüber hinaus zählen zu den Personenressourcen die Handlungskompetenzen. Hier sind beispielhaft die intellektuellen Fähigkeiten, Grundhaltungen sowie Werte- und Weltanschauungen zu nennen.

Einordnen lassen sich Personenressourcen in vier Kategorien: physische, psychische, kulturelle und relationale Ressourcen. Den **physischen** Ressourcen können die Gesundheit einer Person sowie ihre Ausdauer und Belastbarkeit in Stresssituationen zugeordnet werden. Mit dem Begriff der **psychischen** Ressourcen werden positive Grundhaltungen wie die Selbstakzeptanz, die Einfühlsamkeit, der Optimismus, eine gut ausgereifte Anpassungsfähigkeit, Offenheit sowie die Kritikfähigkeit umschrieben. Ergänzt werden diese psychischen Ressourcen durch Kompetenzen wie eine praktische Intelligenz, eine grundsätzliche Lernfähigkeit, Kreativität und Fantasie sowie spezifische Interessen und Freizeitgestaltungen. Nebstdem ist der Glaube an die Sinnhaftigkeit in Bezug auf die eigene Lebensgestaltung wichtig.

Mit dem Begriff der **kulturellen** Ressourcen werden neben Überzeugungen auch Einstellungen und die Kompetenz zur Reflexion der eigenen Person sowie der Umwelt beschrieben. Außerdem werden unter diesem Begriff professionelle Kenntnisse, die Anerkennung im sozialen Kontext, ein vorhandenes Expertenwissen sowie eine gelungene Partizipation zusammengefasst. Außerdem zählen zu den kulturellen Ressourcen sowohl die religiösen als auch die ethischen und politischen Glaubensstrukturen und die subjektive Identität des Individuums. Zuletzt zählen zu den **relationalen** Ressourcen die Kompetenz zur Wahrnehmung von Gefühlslagen, Befindlichkeiten, Beweggründen, persönlichen Interessen, die Kompetenz, sich in bestehende Beziehungen einzubringen, die Fähigkeit zur Lösung von Konflikten sowie zum Ertragen von Kritik und die Kompetenz, eigene Gefühle, Befindlichkeiten, Bedürfnisse, Motive und Wünsche angemessen hervorbringen zu können. Daneben zählen zu den relationalen Ressourcen die Reaktionen des Individuums sowie der Umwelt.

Weiterhin werden unter **Umweltressourcen** materielle Quellen verstanden. Zudem zählen zu den Umweltressourcen Netzwerke, materielle Mittel und das soziale Umfeld des Individuums.

Die jeweiligen Ressourcen lassen sich dann erneut in Unterkategorien unterteilen. Hierzu zählen neben den sozialen auch die ökonomischen, ökologischen sowie die professionellen Ressourcen.

Unter dem Begriff der **sozialen** Ressourcen werden beispielhaft ein gutes soziales Netzwerk, vertraute Partnerschaft, Liebe sowie familiärer Zusammenhalt, Verbundenheit, die eigenen Kinder, der individuelle Freundeskreis sowie Arbeitskollegen und ehrenamtliche Helfer zusammengefasst. Die sozialen Ressourcen umfassen somit alle Personen, auf die im Kontext von schwierigen Lebenslagen zurückgegriffen werden kann.

Unter den **ökonomischen** Ressourcen hingegen werden die Faktoren zusammengefasst, die der Lebensplanung und dem Konsum Sicherheit bieten. Hierzu zählen somit die verfügbaren materiellen Mittel. Diese können beispielsweise Geld, Wertpapiere, materielle Gegenstände, ein geregeltes Einkommen, eine Wohnung sowie ein sicherer Arbeitsplatz sein.

Der Begriff der **ökologischen** Ressourcen umfasst hingegen zum Beispiel den eigenen Wohnraum, der ausreichende Rückzugs- und Gestaltungsmöglichkeiten bietet. Daneben zählen zu den ökologischen Ressourcen die Qualität des jeweiligen Wohnumfeldes, ein physisch und psychisch wenig belastender Arbeitsplatz, eine gut ausgebildete Infrastruktur sowie Verkehrsanbindung, ein gut ausgebauter Zugang zu kulturellen Angeboten und nicht zuletzt ausreichend Erholungs- und Freizeitmöglichkeiten, die eine geringe Umweltbelastung aufweisen.

Professionelle Ressourcen implizieren dabei den Zugang zu den jeweiligen sozialen Sicherungssystemen sowie das Vorhandensein von niedrigschwelligen Beratungs- und/oder Therapieangeboten. Zudem sind unter dem Aspekt der professionellen Ressourcen die Möglichkeiten der individuellen und nicht bevormundenden psychosozialen Unterstützung zu berücksichtigen.

Ein generell wichtiger Aspekt ist, dass es gilt, vorhandene Ressourcen neu auszurichten und ggf. zu erweitern oder überhaupt erst zu aktivieren. Ermutigung und Kreativität sollen dazu beitragen, die Lösungsentwicklung zu begünstigen und ein lösungsorientiertes Handeln zu ermöglichen.

LÖSUNGSORIENTIERT

Neben der Ressourcenorientierung spielt auch die **Lösungsorientierung** eine bedeutsame Rolle in der systemischen Beratung. Beide sind auch miteinander verknüpft. Im Rahmen der systemischen Beratung geht es vor allem darum, die Lösungsversuche, die bisher unternommen wurden, zu würdigen. Um eine Analyse der Ausgangssituation handelt es sich hierbei nicht. Stattdessen zielt die Lösungsorientierung darauf ab, eine konsequente Zukunftsorientierung zu schaffen. Innerhalb der Beratung werden nicht nur die Ursachen für die jeweiligen Konflikte, Probleme oder Störungen vorgetragen. Vielmehr geht es darum, zu überlegen, welche möglichen Lösungen sich daraus ergeben oder wie ein mögliches Ziel aussehen könnte. Hierzu bedarf es eines Umfeldes, welches Lösungen nachhaltig begünstigt. Auf diese Weise werden Vorstellungen etabliert, die nicht nur positiv, sondern auch attraktiv und ermutigend sind. Sie sind es somit wert, verfolgt zu werden. In diesem Kontext geht es im weiteren Verlauf der lösungsorientierten Beratung darum, Wege und Strategien für die Lösungen oder die jeweils gesetzten Ziele oder Zustände zu etablieren. Auf diese Weise entsteht Schritt für Schritt eine Verbindung zwischen dem Klienten und der Lösung. Dadurch wird der Klient von einer Orientierung hin zu einer Orientierung an der Lösung geführt. Somit geht es innerhalb der systemischen Beratung darum, gemeinsam mit dem Klienten ein neues Bild der Zukunft zu schaffen, dass ihm im weiteren Verlauf für das weitere Zusammenleben innerhalb seines Systems nicht nur angenehmer, sondern auch wünschenswerter und besser erscheint als das, was er bisher etabliert hatte. Auf diese Weise lohnt es sich für die Klienten, etwas Neues auszuprobieren.

Der US-amerikanische Therapeut Steve de Shazer aus Milwaukee hat ein Modell entwickelt. Dieses grenzt sich anders als andere Modelle von der üblichen Vorgehensweise der systemischen Therapie beziehungsweise Familientherapie ab. In seiner „lösungsorientierten Kurztherapie" orientiert er sich innerhalb seines Vorgehens nicht an dem Problem. Vielmehr schafft er eine Atmosphäre, die sich ausschließlich auf die Lösung konzentriert. Auch hier geht es darum, nach Ausnahmen zu fragen, damit eine neue Geschichte aufzubauen und die Problemschilderung von der Lösungsseite aus anzugehen. Seine zentralste Annahme ist dabei, dass eine problemorientierte Denkweise keine Lösungen, sondern Probleme generiert. Gleichzeitig generiert der Austausch über Lösungen konkrete Lösungsansätze. Innerhalb der lösungsorientierten Kurztherapie werden in kleinen Schritten für den Klienten realisierbare Ziele entwickelt. Zudem werden die auf diese Weise entwickelten Lösungen auf ihre Alltagstauglichkeit hin überprüft. Auf der Basis dieser Interventionen wird der Einbezug des sozialen Umfelds möglich. Sowohl die lösungsorientierte Haltung als auch die Sichtweise des Beraters und auch das konsequente Vorgehen hinsichtlich der Suche und Herausarbeitung von gemeinsamen Lösungen bewirken dabei eine geringe Anzahl von Sitzungen. Zudem bringen diese nicht selten schnelle und langfristige sowie stabile Erfolge.

Grundannahmen der lösungsorientierten Beratung

➢ Innerhalb der lösungsorientierten Beratung wird davon ausgegangen, dass die Lösung und das Problem unabhängig voneinander existieren.

➢ Die lösungsorientierte Beratung zielt darauf ab, dass der Klient die Lösung aus eigener Kraft findet und entwickelt.

➢ Die Ressourcen, die für die Lösung eines Problems notwendig sind, tragen die Klienten in sich.

Grundprinzipien des Beraters

➢ Reparieren Sie als Berater nichts, was aus der Sicht des Klienten nicht zu reparieren ist.

➢ Erörtern Sie gemeinsam mit Ihren Klienten, was für Ihre Klienten gut funktioniert und daher nicht verändert werden muss. Fördern Sie hingegen das, was gut funktioniert.

➢ Sollten Sie innerhalb Ihrer Beratung feststellen, dass Veränderungen trotz vieler Anstrengungen innerhalb des systemischen Kontextes nicht funktionieren, sollten Sie damit aufhören und etwas anderes versuchen.

Wie gelingt es, von der Problem- zur angestrebten Lösungssicht zu kommen? Auch hier spielt natürlich wieder der Berater eine große Rolle. Wichtig ist vor allem die Annahme einer **fragenden Haltung** und nicht, vorauszusetzen, es als Berater besser zu wissen. Dabei zählt die lösungsorientierte Beratung nicht als ganzheitlicher Ansatz, in dem die soziale Wirklichkeit in den zwischenmenschlichen Problemen vernetzte Zusammenhänge betrachtet und verändern will, sondern sie zielt darauf ab, eine Beschreibung der Problemsituation **auf verschiedenen Ebenen** abzuliefern. Diese multiperspektivische Betrachtung führt einerseits zum **Entdecken neuer Wirklichkeiten** und zum anderen zum **Auflösen festgesetzter Ansichten**. Diese Ansichten werden zwar immer wieder genutzt, bieten aber keinerlei gewünschte Veränderung hinsichtlich der Problemlage.

Und wie erkennt man eine Lösung? Es lässt sich festhalten, dass eine Lösung weder mit Glück noch mit Erfolg gleichzusetzen ist, sie bedeutet vielmehr die Abwesenheit eines Problems. Daher kann eine Lösung trotzdem als prekär empfunden werden.

Kennzeichnend für eine Lösung innerhalb der Beratung sind unter anderem sowohl die Auflösung von Blockaden, wodurch etwas wieder ins Fließen kommt, sowie die Perspektivenänderung des Klienten weg vom Problem und hin zu etwas Neuem (der Lösung) und auch der Aspekt, dass das Problem nicht mehr verneint wird, sondern die Lösung etwas ganz Neues, Unabhängiges darstellt.

5 Schritte zur systemischen Beratung

Damit der typische Ablauf einer systemischen Beratung begreifbarer wird, erhalten Sie innerhalb dieses Kapitels den Aufbau der systemischen Beratung untergliedert in fünf Schritte. Im Rahmen dieser fünf Schritte geht es in erster Linie darum, eine Beziehung aufzubauen. Hierin baut sich die Basis für die weitere Zusammenarbeit auf. Daraufhin folgt die Konkretisierung eines Anliegens sowie das Finden einer Lösungsebene. Anschließend geht es darum, dem Klienten frische Impulse zu geben sowie das Gespräch abzuschließen.

1. Beziehung aufbauen

Der Punkt „Beziehung aufbauen" umfasst die **Kontaktaufnahme** des Beraters mit dem Klienten und die Überlegungen über die **Gestaltung** der systemischen Beratung. Es wird unter anderem ermittelt, wie eine für beide Seiten **angenehme Arbeitsatmosphäre** geschaffen werden kann. Zudem werden die Erwartungen der Klienten oder Kunden erfragt und die Rahmenbedingungen für das Gespräch abschließend geklärt. Außerdem ist natürlich ein ausschlaggebender Punkt die Klärung des Anlasses zur systemischen Beratung.

Als Berater können Ihnen vollkommen unterschiedliche Zielvorstellungen des Klienten begegnen: Da gibt es zum Beispiel in einem Extremfall die Personen, die Ihnen in einer impulsiven und sehr offenen Art gegenübertreten und oft schon genaue Zielvorstellungen der Beratung vor Augen haben.

Andererseits gibt es jedoch auch im anderen Extremfall die eher zurückhaltend, abwartend auftretenden Menschen, die eher von Unsicherheit gegenüber der Beratung gekennzeichnet sind. Dazwischen gibt es natürlich Tendenzen zu der einen oder anderen Seite.

Die Aufgabe des Beraters besteht nun darin, auf die jeweilige Vorstellung der Menschen von der Beratung individuell einzugehen. Hat der Klient beispielsweise schon Erfahrung mit der systemischen Beratung gesammelt, wäre ein möglicher erster Ansatzpunkt des Beraters, die Frage zu klären, wie er sich anders verhalten könnte als der vorherige Berater, damit ein vertrauensvolles Arbeitsumfeld entsteht.

Damit der Beratungsprozess konstruktiv ist, ist es für den Erfolg unerlässlich, dass der Berater dem Klienten aus der Beraterperspektive mit seiner individuellen Beratungspersönlichkeit begegnet. Treten Sie dabei authentisch auf, nehmen eindeutige Haltungen ein und verfolgen ein klares therapeutisches Konzept, führt dies dazu, dass Sie durch hilfreiche Visionen und vielfältige Methoden Ihren Klienten bei ihren Anliegen professionell zur Seite stehen können.

Das konkrete Handeln des Beraters sollte dabei darauf ausgelegt sein, so viele Informationen wie möglich zu sammeln. Je neugieriger ein Berater

Fragen stellt, desto mehr Ideen für die gemeinsame Entwicklung von Lösungsmöglichkeiten können gesammelt und innerhalb des Gesprächs weiterentwickelt werden. Um einen gelungenen Einstieg zu finden, bietet es sich dem Berater an, sich auf die Intuition zu verlassen und sich von folgenden Fragen leiten zu lassen:

- Was fällt als Erstes an dem Klienten auf?
- Welchen Gedanken hatten Sie als Erstes, als der Klient den Raum betrat?
- Wie ist das Erscheinungsbild, wie tritt er auf?
- Wie fest ist sein Händedruck?
- Wird offensichtlicher Blickkontakt gesucht oder wirkt er eher ausweichend?
- Wie klingt die Stimme und welchen Eindruck macht das Sprechverhalten?

In diesem Schritt geht es demnach darum, die Kontaktaufnahme zwischen dem Klienten und dem Berater positiv zu gestalten. Anhand der obenstehenden Fragen können Sie dafür sorgen, dass sich Ihr Klient wohlfühlt. Gleichzeitig können Sie bereits erste Informationen filtern, die für die weitere Zusammenarbeit zentral sein können. Die gesammelten Informationen aus diesem Schritt sollten daher bei allen weiteren Schritten im Hinterkopf behalten werden.

Interesse und Neugier des Beraters sind wegweisende Begleiter für eine nützliche Zusammenarbeit.

Checkliste

☐ Schaffen Sie eine angenehme Arbeitsatmosphäre.

☐ Legen Sie Rahmenbedingungen der Zusammenarbeit fest.

☐ Erfragen Sie den Anlass der Beratung für Ihren Kontext.

☐ Klären Sie die Erwartungen Ihrer Kunden oder Klienten.

☐ Bauen Sie eine Beziehung zum Klienten auf, damit dieser Vertrauen für die Zusammenarbeit schöpfen kann.

2. Anliegen konkretisieren

Im zweiten Schritt wird die **Klärung des Anliegens** zur Beratung des Klienten vertieft. Ziele dieses Prozesses sind, die Anliegen durch Fragen zu **konkretisieren**, die Anliegen nach Dringlichkeit zu **ordnen**, **Schlüsselwörter** zu formulieren (bestimmte, signifikante, sich im Gespräch wiederholende Begriffe notieren) und hilfreiche **Handlungsstrategien** zu entwerfen.

Diese Ziele gilt es, vor allem durch die Methoden der Nutzung von „**W-Fragen**" und **zirkulären Fragen** zu erreichen.

W-Fragen:
Wer?
Was?
Wo?
Wann?
Wie?
Warum?

Zirkuläre Fragen werden als Technik in der systemischen Beratung angewandt, um den Klienten zu motivieren, eigenständig die Perspektive zu wechseln. Zudem ermöglichen zirkuläre Fragen die Gewinnung von Informationen über die eignen Denkweisen sowie das eigene Verhalten aus dem Blickwinkel von anderen Mitgliedern eines Systems. Somit machen zirkuläre Fragen das Beziehungsgeflecht zwischen den Mitgliedern eines Systems sichtbar. Auf diese Weise deckt diese Frageform innere Begrenzungen auf, die sich ein Individuum in seinem System auferlegt. Das Auferlegen funktioniert dabei durch das Mutmaßen einer bestimmten Handlungsweise eines anderen Individuums.

Der Coach oder Therapeut (A) fragt dabei den Klienten (B), was der Dritte (C) zu einer bestimmten Frage wohl denken könnte.

Beispiel einer zirkulären Frage:
Wenn Sie sich vorstellen, Sie wären an meiner Stelle: Wie würden Sie vorgehen? Was würden Sie an meiner Stelle tun?

Es werden somit Menschen aus der Umgebung des Klienten in die Beratung einbezogen. Die Vorteile von zirkulären Fragen sind für den Klienten vor allem, dass durch die veränderte Perspektivierung der Situation neue Blickwinkel geschaffen werden können. Für den Berater besteht der Vorteil dieser Technik vor allem darin, neue Informationen über Verhältnisse einer Situation zu erlangen.

Checkliste:

☐ Greifen Sie zunächst Schlüsselbegriffe auf.

☐ Treffen Sie dann eine Auswahl.

☐ Bilden Sie Hypothesen und erweitern Sie diese.

☐ Klären Sie Anliegen auf.

☐ Leiten Sie daraus Anliegen ab und formulieren Sie diese.

3. Bearbeitungs- und Lösungsebene finden

In der dritten Phase geht es um die gemeinsame Erarbeitung von **Lösungsmöglichkeiten** für die vorgetragenen Probleme. Ihren Abschluss findet diese Phase durch die Auswahl eines für Klienten passenden Lösungswegs.

Die Anliegen und Vorgehensweisen werden eingegrenzt, um einen optimalen Weg zu finden, andersherum werden eingegrenzte Perspektiven des Klienten erweitert.

Dabei ist es wichtig, mögliche unterschiedliche Sichtweisen aus dem 2. Schritt und den darin gestellten zirkulären Fragen abzuwägen und so neue Wirklichkeitsbilder zu entwerfen.

Ein ganz zentraler Punkt stellt auch die Aktivierung der vorhandenen Ressourcen des Klienten dar, um sich auf Lösungsvorbereitungen zu fokussieren, diese jedoch vorerst zu überprüfen. Es werden außerdem weitere Entscheidungen vorbereitet und Handlungsfähigkeiten hergestellt, abschließend werden weitere Beratungsschritte festgelegt.

Methoden, die in dieser dritten Phase häufig angewendet werden, sind **Irritationsfragen, hypothetische Fragen, Skalierungsfragen** sowie **lösungsorientierte Fragen**.

Irritationsfragen sind paradox ausgelegt. Aus diesem Grund sind sie dem Alltagsverständnis in ihrer Vorgehensweise und Funktion vollständig entgegengesetzt. Auf diese Weise sollen die Möglichkeiten der aktiven Steuerung des Geschehens erkannt und für das weitere Arbeiten identifiziert werden.

Oft wird nämlich ein Problem als vom Schicksal gegeben oder zufällig gesehen, auch gibt es manchmal schon völlig klare Schuldzuweisungen der Ursache. Durch Irritationsfragen werden eigene Anteile und Handlungsmöglichkeiten beleuchtet und eine mögliche eigene Mittäterschaft gefunden.

Beispiele:

- Stellen wir uns vor, das Problem würde sich vergrößern: Was müssten Sie tun, damit Ihnen dieses Vorgehen gelingt?
- Was müssten Sie tun, damit Ihr Partner sich von Ihnen trennt?
- Was müsste passieren, damit Sie die Beziehung zu Ihren Eltern beenden?

Diese Frageform zielt darauf ab, den Klienten/Kunden zu einer konstruktiven Verstörung zu führen. Auf diese Weise sollen neue Aspekte ans Licht gebracht werden. Bei der Formulierung von ausschließlich offenen Fragen könnten ebendiese Aspekte nicht ans Licht gebracht werden.

Wenn die Irritation jedoch überwiegt, kann es in der Zusammenarbeit mit den Klienten dazu kommen, dass diese sich nicht vollständig ernst genommen fühlen. Tritt dieser Fall ein, wird die Gesprächsbasis zu Ihnen als beratende Person nachhaltig gestört, sodass die systemische Arbeitsweise nicht oder nur partiell wirken kann.

Auf diese Frageform sollten Sie erst zurückgreifen, wenn zwischen Ihnen und Ihren Klienten ausreichend Vertrauen besteht, um Ihren Befragten eine entsprechende Irritation zumuten zu können. Daher wird erst in dieser Phase auf sie zurückgegriffen.

Eine andere Methode in dieser dritten Phase sind **hypothetische Fragen**, die zu Gedankenexperimenten führen. Es werden „Was wäre, wenn ...“-Fragen gestellt, die den Prozess des intensiven Nachdenkens einleiten und somit zu Hinausdeutungen über **bisherige Erklärungsmuster** führen sollen.

In diesem Kontext ist die Methode der Wunderfrage des bereits erwähnten de Shazer ein probates Werkzeug.

> Was wäre, wenn alle Probleme und Schwierigkeiten eines Klienten auf einmal, wie durch ein Wunder, verschwunden wären?

So wird eine „Als-ob-Realität“ geschaffen, die es der beratenden Person ermöglicht, konkrete Verhaltensweisen herauszufinden, wodurch es einfacher wird, Lösungswege für die angestrebten Ziele des Klienten zu finden.

> **Weitere Beispiele:**
>
> - Was müssten Sie tun, um das Problem innerhalb einer Woche zu lösen?
> - Wenn Sie an meiner Stelle wären, wie würden Sie vorgehen?
> - Wenn Sie ganz allein entscheiden könnten, was wäre Ihre Wahl?

Des Weiteren kommen auch **Skalierungsfragen** zum Einsatz. In der systemischen Beratung kommen diese insofern zum Gebrauch, als durch jene Fragen Einschätzungen anhand einer Skala abgefragt werden. Die Skala ist dabei quantitativ und sorgt dafür, dass durch das konkrete Nachfragen ausdifferenziert werden kann.

Skalierungsfragen sind daher gut einsetzbar, um innerhalb von Gesprächen auf die bestehende Komplexität zu reagieren. Auf diese Weise wird die Komplexität partiell reduziert, sodass Klienten dazu angeregt werden, sich festzulegen. Der damit entstehende Zahlenwert ist dabei eher als Nebenprodukt zu verstehen. Interessanter sind die qualitativen Daten, die durch die Verwendung dieser Frageform angestoßen werden.

Beispiele:

- Stellen Sie sich gedanklich eine Skala von 1 bis 10 vor. Beurteilen Sie nun: Wie belastend ist die Situation für Sie?
- Stellen Sie sich eine Skala von 1 bis 10 vor. Wie nahe sind Sie an Ihrem Ziel?
- Auf dem Zeitstrahl Ihres Lebens: An welchem Punkt Ihres Lebens befinden Sie sich?

Auch von lösungsorientierten Fragen wird Gebrauch gemacht, die auf dem bereits beschriebenen lösungsorientierten Ansatz nach *de Shazer* basieren.

Beispiele:

- Wann läuft es gut und Sie haben diese Sorgen und Probleme nicht?
- Was ist anders, wenn es schlecht läuft?
- Woran liegt es, dass die Situation nicht noch schlimmer ist?

Checkliste:

☐ Suchprozess vorbereiten

☐ Blickwinkel erweitern

☐ Blickwinkel verengen

☐ Wirklichkeitsbilder entdecken

☐ Lösungsweg auswählen

4. IMPULSE GEBEN

Mit dem Punkt „Impulse geben" wird nun thematisiert, mit welchen Formen von Fragen, Methoden und Interventionen aus Schritt 3 eingeleitet werden kann, mit denen der Wandel im Systemumfeld des Klienten oder Kunden begleitet werden kann.

Die Ziele dieser Phase sind zum einen die Ermutigung zu neuen Lösungswegen, **Handlungsalternativen** aufzuzeigen und auch erlebbar zu machen und somit die Flexibilität des Klienten zu erhöhen.

Das wohl wichtigste Ziel dieser Phase ist, den ersten Erfolg oder eine generelle erste **Veränderung** bewusst zu machen und wertzuschätzen.

Wertschätzung stellt dabei eine zentrale Methode dieser Phase dar, ebenso wie die schon erwähnten **hypothetischen Fragen** aus Schritt 3 und auch das sogenannte „**Reframing**": Dieses kann als Umdeutung oder Perspektivwechsel definiert werden. Umständen wird dabei ein neuer Rahmen („frame") gegeben. Ein solcher Rahmen stellt die Ordnung dar, nach welcher Ereignisse individuell interpretiert und wahrgenommen werden.

Menschen nehmen alltäglich Interpretationen von Ereignissen vor. Diese Interpretationen basieren auf speziellen Zuschreibungen, Erwartungen oder Denkmustern. Diese Erfahrungen werden im Alltag also wörtlich in einen „Rahmen" eingebettet.

> Ein Beispiel für das Konzept des Reframings wäre die Darstellung eines entweder halb vollen oder halb leeren Glases: Entweder ist das Glas in der individuellen Wahrnehmung halb voll oder halb leer.
>
> Es wird zwar scheinbar das Gleiche gemeint, jedoch ist der eine Akzent der Bedeutung eher positiv gesetzt, der andere eher negativ. Wurde es bisher immer als halb leer gesehen, also in einem eher negativeren Licht, findet jedoch nun eine Umwandlung der Wahrnehmung statt und sieht der Klient das Glas nun halb voll, findet ein **Reframing** statt.

Aus einer negativen Betrachtungsweise wird eine positive. Natürlich kann ein Reframing auch andersherum verlaufen, also von einer positiven in die negative Betrachtungsweise. Innerhalb der systemischen Beratung wird aber natürlich das Gegenteil gefördert.

Eine solche Rahmenverschiebung ist zumeist durch ein „externes" Ereignis, also ein bestimmtes Vorkommnis im Leben eines Menschen (zum Beispiel der Wunsch nach einem bestimmten Ziel), begründet, allerdings ist dies nicht als allgemeine Regel festzulegen.

Beispiel für Reframing:
Maria hat ein schwieriges Verhältnis zu ihrer Mutter. Ständig hat sie das Gefühl, sie wolle sich in ihr Leben einmischen und traue ihr nichts zu. Ihren Freunden vermittelt sie dabei immer: „Meine Mutter hat immer wieder das Bedürfnis, sich in mein Leben einzumischen." Während sie sich mit dem Thema befasst, stößt sie auf die Methode des Reframings. Sie liest einiges hierzu durch und entscheidet nach langer Überlegung, sich mit einem systemischen Berater auszutauschen. Nach einigen Sitzungen, in denen die beiden viel miteinander sprechen, kommt die Methode des Reframings auf. Ihr Berater regt Maria an, die Situation doch mal aus einem anderen Rahmen zu betrachten. Dann bittet er sie, zu überlegen, welche Absicht ihre Mutter haben könnte. Dann fällt es ihr wie Schuppen von den Augen: „Meine Mutter möchte mich beschützen!"

Eine Umdeutung muss nicht zwangsläufig durch ein in der Zukunft liegendes, unerwartetes Ereignis oder eine Pointe motiviert sein: Situationen, Problemlagen, Geschehnisse usw. können ebenso eine Bedeutungsänderung erfahren, wenn sie ohne die Veranlassung durch unerwartete Geschehnisse aus einer anderen Perspektive betrachtet werden. Indem selbst ein neuer Rahmen gesetzt wird, hat dieser schon eine verändernde Wirkung auf Sinn und Bedeutung für das eigene Erleben.

In Situationen, in denen der Klient es schafft, Sachverhalte in einem komplett neuen Zusammenhang zu betrachten, ist er einer Lösung des Problems oft schon viele Schritte näher als zuvor.

Andere Methoden innerhalb dieses 4. Schrittes sind sogenannte „**Klassifikationsfragen**", wobei auf mögliche Unterschiede in Bewertungen und Betrachtungen hingewiesen werden kann sowie Reihen- und Rangfolgen gebildet werden, um die Unterscheidung zu verdeutlichen, sodass er sich bestimmter Bewertungen bewusst und darauf aufmerksam gemacht wird.

Beispielsweise fragt man den Klienten, was ihm am meisten und am wenigsten Spaß bringt.

Des Weiteren spielt die sogenannte **Skulpturarbeit** eine Rolle, die auf *Virginia Satir* als entwickelte Methode vor allem im Einsatz in der Familientherapie zurückgeht. Die Vorgehensweise der Skulpturarbeit kann mit der Arbeit eines Bildhauers verglichen werden. In ihrer Vorgehensweise macht die Skulpturarbeit Haltungen und Muster sichtbar, die innerhalb des Systems der Klienten dauerhaft wirksam sind.

Das Miteinander innerhalb eines Systems wird dabei nicht selten von Kontaktunterbrechungen gestört. Diese ansonsten verdeckten Elemente kann die Skulpturarbeit innerhalb ihres Vorgehens offenlegen. Auf diese Weise werden die Strukturen des gesamten Systems veränderbar.

Werden ein System und die sich in ihm befindenden Beziehungen und Strukturen aus der Sichtweise eines Individuums repräsentiert, kann es die verschiedenen Skulpturen entsprechend verändern.

Beispiel für Skulpturarbeit in der Familientherapie:
Im Rahmen der systemischen Beratung bittet Frau Meier ihre Klienten darum, die vor ihnen platzierten Holzelemente zu nutzen, um die Beziehung zu ihren Familienmitgliedern zu skizzieren. Hierbei beauftragt Frau Meier ihre Klienten, die emotionale Distanz zu Familienmitgliedern durch eine entsprechende räumliche Distanz darzustellen. Gleichzeitig erklärt sie, dass die oberen und unteren Bereiche genutzt werden können, um die Hierarchie in der Familie darzustellen. Im Nachgang kann Frau Meier anhand der erstellten Skulptur erkennen, welche Strukturen im Umfeld ihrer Klienten bestehen, und sie bitten, ihr Informationen über ihre erstellte Skulptur zu erteilen.

Alternativ:
Sind mehrere Familienmitglieder an einer systemischen Beratung beteiligt, kann die Skulpturarbeit mit „lebenden Objekten" (den Klienten) umgesetzt werden. Hier stellen sich die Klienten im Raum zueinander auf. Ergänzend können hier Mimik und Gestik verwendet werden, um akute Gefühle der familiären Konstruktion auszudrücken. Diese können dann im Nachgang bearbeitet werden.

Jedoch können dies auch all die anderen Personen in demselben System tun. Konkret bedeutet dies, dass alle Mitglieder des Systems die Skulptur entsprechend ihrer Sichtweise verändern können. Durch die auf diese Weise angefertigten verschiedenen Skulpturen wird ein Diskurs unter den Systemmitgliedern generiert, auf dessen Basis spezifische Verhaltensweisen überdacht und Meinungen revidiert werden können. Mit dieser Methode werden Lösungen generiert. Ist die Skulpturarbeit effektiv, gehen die Klienten im Idealfall gestärkt daraus hervor. Durch diese Technik erfährt und reflektiert man die eigene Position im System, dadurch können Beziehungsverhältnisse wahrgenommen sowie Verstrickungen erkannt und letztlich Ressourcen aufgedeckt werden.

Um weitere Problemlösungen erarbeiten zu können, werden in diesem Schritt unter anderem „**paradoxe Interventionen**" eingesetzt. Paradoxe Interventionen können von der beratenden Person genutzt werden, um Alternativen zu herkömmlichen und unerfolgreichen Lösungsversuchen des Klienten zu bieten.

Festgefahrene Sichtweisen sollen „erschüttert werden", um zu einer neuen Sichtweise zu gelangen. Der zugrundeliegende Gedanke dabei ist, dass jedes Verhalten, sowohl positives als auch negatives, seine soziale Funktion hat und zum Bestehen des Systems beiträgt. Dem Klienten soll die Funktionalität des negativen Verhaltens in seiner **Paradoxie** bewusst gemacht werden und ihm verdeutlichen, dass das Verhalten nicht unkontrollierbar ist, sondern vielmehr von ihm gesteuert werden kann.

Paradoxe Interventionen werden meist in Form von **Symptomverschreibungen** eingesetzt: Befindet man sich beispielsweise in der Situation, in welcher sich sein Kind weigert, nichts als Nudeln zu essen, kommt es genau dann zu einer Symptomverschreibung, wenn man ihm ausschließlich und zu jeder Mahlzeit nur Nudeln anbietet. Es wird somit so übertrieben häufig mit Nudeln konfrontiert, bis es diese nicht mehr sehen kann.

Durch diese Methoden werden in diesem Schritt Ideen entwickelt und Unterschiede eingeleitet.

Checkliste:

- ☐ Zur Veränderung einladen
- ☐ die Klienten in Bewegung bringen
- ☐ Einen Unterschied machen
- ☐ Veränderung mit den entsprechenden Methoden erfragen
- ☐ Ideen entwickeln, die zur Lösung beitragen

5. Gespräch abschliessen

Der letzte Schritt einer systemischen Therapie ist schlussendlich, das Gespräch **zusammenzufassen** und abzuschließen. Vor allem sollen die Entwicklungsschritte und Erfolge benannt, Veränderungen wertgeschätzt und Lernfortschritte sensibilisiert und gewürdigt werden.

Hier kommen unter anderem **Konkretisierungsfragen** zum Einsatz. Mit Konkretisierungsfragen können die erläuterten Sachverhalte abschließend hinterfragt werden. Auf diese Weise wird sichergestellt, dass die jeweiligen Gesprächspartner die von allen Beteiligten vermittelten Informationen abschließend und präzise verstanden haben. Sie dienen dazu, Hintergründe und Zusammenhänge besser sichtbar zu machen.

Beispiele für Konkretisierungsfragen:

- Sie haben gesagt, dass ... Können Sie das noch einmal für uns zusammenfassen?
- Sie haben gesagt, dass ... Können Sie noch einmal zusammenfassen, was genau damit gemeint ist?
- In Ihren Erfahrungen haben Sie erläutert, dass ... Welche Erfahrungen haben die anderen dazu gemacht?
- Sie haben erklärt, dass ... Könnten Sie das an einem Beispiel nochmals erläutern?

Checkliste:

☐ Gespräch zusammenfassen

☐ Ausblick geben

☐ Kunden verabschieden

☐ Abschlusskommentar formulieren

Methoden und Trickkiste der systemischen Beratung

Mit einigen der Methoden, die in der systemischen Beratung verwendet werden, habe ich Sie bereits bekannt gemacht. Jedoch ist es mir sehr wichtig, Ihnen noch einmal einen genaueren Überblick über all die Methoden zu liefern, die in der systemischen Beratung verwendet werden.

Das zentralste Arbeitsmittel im Rahmen der systemischen Beratung ist der **öffnende Dialog**. Dem Klienten gegenüber nimmt die beratende Person eine respektvolle, unvoreingenommene Haltung ein und bemüht sich um ein Verhalten, das Interesse und Wertschätzung bisheriger Lebensstrategien sowie Verhaltensweisen aufweist. Nachdem dieses Arbeitsmittel eingesetzt wurde, können weitere Arbeitsmittel und Handlungsstrategien nachgeordnet werden, die Ihnen nun im weiteren Verlauf nähergebracht werden.

Die Wunderfrage

Die Methode der sogenannten „Wunderfrage" habe ich bereits angeschnitten, sie basiert auf dem **lösungsorientierten Ansatz,** der in den 1980ern von den Gründern *Steve de Shazer* und *Insoo Kim Berg* entworfen wurde. Die Methode wurde dabei begründet auf der verzweifelten Aussage eines Klienten, der sich über sein Problem äußerte. In seinen Schilderungen über das Problem war er sich sicher, dass sein Problem vermutlich nur noch durch ein Wunder gelöst werden könne. Daraufhin erkannte *Insoo Kim Berg* die Nützlichkeit dieser Aussage und reagierte mit einer Frage, die heute unter der „Wunderfrage" bekannt ist. Die Methode basiert dabei auf dem Grundsatz, dass Probleme auf der Basis einer problemorientierten Unterhaltung kreiert werden. Gleichzeitig werden Lösungen auf der Basis einer lösungsorientierten Unterhaltung entwickelt. Dieser Ansatz bildete den Hintergrund für die Ausarbeitung der Methode. Auf dieser Basis konzentriert sich die Formulierung von Wunderfragen auf die Wünsche, die Ziele und Fortschritte. Dabei versucht sie, den Klienten aus seiner Welt der Probleme herauszulocken und ihn gleichzeitig in den **Raum der Ideen** und **Möglichkeiten** zu überführen.

Hierbei ist es wichtig, zu erwähnen, dass diese Methode nicht sofort eine genaue Lösung von dem Klienten fordert, sondern anstelle einer direkten „Wie"-Frage vielmehr mit „**Was-wäre-wenn**-Fragen" arbeitet. Durch diese Technik ist es auch viel einfacher, festzustellen, ob ein Problem bereits gelöst wurde.

Ziel dieser Methode ist eine Orientierung weg von Problemlagen hin zu Lösungslagen. Es geht somit darum, den Fokus auf die Problemlösung zu lenken. Auf diese Weise sollen Klienten Klarheit über ein Ziel oder eine

Problemlage erreichen. Damit dem Klienten jedoch auch ein Mehrwert geboten wird, legt es diese Methode darauf an, das Ziel **hinter dem Ziel** zu ergründen und zu entdecken. Auf diese Weise sollen mögliche Schritte zur Lösung herausgearbeitet werden, die in der Folge die Handlungsfähigkeit und Selbstwirksamkeit von Klienten nachhaltig anregen.

Voraussetzungen:

Bei der Anwendung der Wunderfrage sollte der Klient zunächst darauf vorbereitet werden. Dies kann zum Beispiel durch Formulierungen wie,

> „Vielleicht kommt Ihnen die nächste Frage etwas merkwürdig vor. Das kann daran liegen, dass sie im ersten Schritt ein hohes Maß an Fantasie von Ihnen und Ihrer Vorstellungskraft erfordert. ...“,

geschehen. Im Anschluss ist es wichtig, dass die Wunderfrage nicht nur mit langsamer, sondern auch mit sanfter Stimme gestellt wird.

Es ist wichtig, dem Klienten einen Moment Zeit zu geben und auch auf seine nonverbalen Signale zu achten, um anschließend die Fragen angepasst formulieren zu können. Manchen Menschen fällt es in solchen Situationen einfacher, ihre Gedanken zu sortieren, andere brauchen einen Moment länger, deshalb sind nonverbale Signale von großer Bedeutung.

Grundsätzlich verfolgt die Methode dabei ein primäres Ziel: Der Klient soll sich in eine konkrete Situation genaustens hineinfühlen. Hierbei soll er sich die Situation vorstellen, in der das Problem nicht mehr existent ist. Auf diese Weise lenken Klienten ihre Aufmerksamkeit auf die wahrhaftigen Bedürfnisse des eigenen Selbst. Hierzu sollte die Vorstellung möglichst anschaulich und damit auch detailliert sein, damit Klienten im Anschluss die eigenen Eindrücke aus dieser Situation schildern können. Dies gelingt in Bezug auf die Umsetzung den meisten Klienten mit geschlossenen Augen.

Durchführung:

Es ist von Vorteil, den Klienten in einen entspannten Zustand zu bringen, denn so kommt er leichter an neue Möglichkeiten in seinem Kopf, ohne diese mit Willensanstrengung und Gedankenkraft aktiv zu konstruieren. Vor allem Kopfmenschen tun sich häufiger schwer damit, Impulse außerhalb ihrer Gedanken, wie zum Beispiel intuitive Sinneseindrücke, wahrzunehmen oder anzuerkennen, weshalb ein entspannter Zustand sehr von Vorteil sein kann.

Dieser kann zum Beispiel durch die Übungen eingeleitet werden, wobei die Vorstellung des Einschlafens hervorgerufen werden soll. Diesen Zustand bezeichnet man auch als Trancezustand.

Definition:

Trancezustand

Der Begriff Trance leitet sich von dem lateinischen Wort „transire“ (übersetzt: „hinübergehen“) ab. Mit dem Begriff des Trancezustands oder auch der Trance wird ein veränderter Bewusstseinszustand umschrieben, auf dessen Basis ein intensives Erleben auf der mentalen Ebene stattfinden kann. Die Merkmale eines Trancezustands sind dabei eine intensive Konzentration auf einen bestimmten Vorgang bei gleichzeitiger, andauernder intensiver Entspannung. Hierbei ist der logisch-reflektierende Verstand ausgeschaltet. Im Volksmund wird der Zustand einer Trance auch als der Übergang aus dem Wachzustand in einen Schlafzustand beschrieben.

Für das Einleiten eines Trancezustandes eignen sich beispielsweise die nachfolgenden Übungen, die Sie mit Ihren Klienten umsetzen können.

Trancezustand: Übungen (Atemübungen, Kurzmeditation)

Übung 1: Atemübung – Einleitung eines Trancezustandes

1. Richten Sie für Ihren Klienten ein Umfeld ein, indem Sie mit Ihrem Klienten für mindestens 15 Minuten ungestört sind und bleiben. Schalten Sie Ihr Telefon hierzu aus und legen Sie (je nach Wunsch) entspannende Musik auf. Weisen Sie hierzu auch Ihren Klienten an.

2. Im Anschluss bitten Sie Ihren Klienten, sich bequem zu platzieren. Ob sich Ihr Klient für die Übung in einer sitzenden oder liegenden Position platzieren möchte, ist dabei ihm überlassen. Sollte Ihr Klient leicht frieren, können Sie auf eine Decke zurückgreifen, die Ihren Klienten während der Übung warm hält.

3. Im nächsten Schritt bitten Sie Ihren Klienten, die Gedanken des Alltags loszulassen. Erinnern Sie Ihren Klienten hierzu bewusst daran, dass die nächsten 15 Minuten ausschließlich ihm und seinem Wohlbefinden gehören.

4. Dann bitten Sie Ihren Klienten, die Augen zu schließen.

5. Mithilfe einer Visualisierung zu Beginn der Übung können Sie dafür sorgen, dass es Ihrem Klienten leichter fällt, die Sorgen des Alltags loszulassen. Hierzu bitten Sie Ihren Klienten, sich vorzustellen, dass sich vor Ihrem Klienten eine große, weiße, flauschige Wolke befindet. Auf diese Wolke packt er im Folgenden seine Sorgen, Probleme und Ängste des Alltags. Sobald Ihr Klient dies erledigt hat, gibt er der Wolke einen Schubs und wartet, bis sie am Horizont verschwindet.

6. Im nächsten Schritt beginnen Sie mit der eigentlichen Hypnose, die im weiteren Verlauf über die Atmung Ihres Klienten einen Trancezustand erwirkt.

7. Bitten Sie Ihren Klienten hierzu anschließend, tief ein und wieder auszuatmen. Bitten Sie ihn dabei darum, über das Zwerchfell zu atmen. Die Zwerchfellatmung stellt sich automatisch ein, wenn sich Ihr Klient entspannen kann. Bitten Sie ihn daher darum, diesen Zustand nicht zu erzwingen. Bitten Sie ihn darum, seinen Atem fließen zu lassen und tief durch den Bauch zu atmen.

8. Bitten Sie Ihren Klienten darum, sich während des gesamten Vorgangs auf die Atmung zu konzentrieren. Dabei sollte sich Ihr Klient vorstellen, dass er bei jedem Atemzug etwas Entspannung einatmet. Damit Ihrem Klienten dies leichter fällt, können Sie Ihren Klienten bitten, sich die jeweilige Entspannung als eine Farbe vorzustellen, die eine bestimmte Konsistenz aufweist. Alternativ kann sich Ihr Klient die Entspannung als Licht vorstellen. So kann Ihr Klient die Entspannung noch realistischer erleben. Bitten Sie ihn, hierzu ein Bild zu wählen, welches Ihrem Klienten in diesem Moment guttut.

9. Dabei sagen Sie Ihrem Klienten folgenden Satz: „Mit jedem Atemzug sinke ich tiefer und tiefer in einen erholenden Zustand der Entspannung!“ Diesen Satz soll Ihr Klient im Geist wiederholen.

10. Im letzten Schritt können Sie Ihren Klienten bitten, sich vorzustellen, wie er die Verspannung ausatmet. Bei jedem Ausatmen verschwindet ein Stück mehr Verspannung aus seinem Körper.

11. Nach einer kurzen Pause holen Sie ihn dann mit ruhigen, leichten Worten aus diesem Zustand zurück.

Übung 2: Nasenatmung

Für diese Übung bitten Sie Ihren Klienten, dreimal über die Nase ein und über den Mund wieder auszuatmen. Zählen Sie beim Einatmen dabei zusammen mit Ihrem Klienten bis vier und beim Ausatmen bis acht. Im Anschluss an diese drei Atemzüge bitten Sie Ihren Klienten, nur noch über die Nase zu atmen. Diesen Zustand halten Sie für einen Zeitraum von fünf Minuten aufrecht. Bei dieser Übung wird das Gehirn Ihres Klienten durch die Konzentration auf den Atem mit neuer Energie versorgt. Auf diese Weise wird sich Ihr Klient im Anschluss besser konzentrieren können.

Übung 3 – Atemübung: Bhramarin – Bienensummen

Diese Atemübung stammt ursprünglich aus dem Yoga. Dort wird sie auch mit dem Begriff Bhramarin bezeichnet. Hierzu leiten Sie Ihren Klienten an, beim Ausatmen mit geschlossenen Lippen ähnlich den Geräuschen einer Biene zu summen. Die dabei entstehende Vibration erzeugt im Bereich des Nackens, der Brust und des Kopfes Resonanz, die die Durchblutung verbessert und im Körper und Geist für Entspannung sorgt. Für die Umsetzung gehen Sie zusammen mit Ihrem Klienten dabei wie folgt vor:

1. Bitten Sie Ihren Klienten, sich aufrecht hinzusetzen.

2. Im Anschluss werden beide Ohren mit dem Daumen verschlossen. Mit den restlichen Fingern wird der Kopf umschlossen.

3. Für einige Atemzüge erteilen Sie Ihrem Klienten dann den Auftrag, die eigenen Atemzüge zu beobachten.

4. Beim Ausatmen wird darauf geachtet, dass das Geräusch eine Biene imitiert. Hierzu müssen die Lippen vibrieren. Bei der Umsetzung kann es helfen, an die Bedienung einer Trompete zu denken.

5. Dieser Vorgang wird für einige Male wiederholt. Dann wird der eigene Körper erspürt und das Gefühl wahrgenommen, das durch die Übung entsteht.

Übung 4 – Gehmeditation

Für eine Meditation ist nicht immer zwingend eine starre Position erforderlich. Nicht jedem fällt das Verharren in einer festen Position in einer ungewohnten Umgebung leicht. Für diese Fälle eignet sich eine einfache Gehmeditation für Anfänger besonders gut. Hierzu leiten Sie Ihre Klienten an, sich innerhalb des Raumes eine kurze Strecke auszusuchen, die Ihre Klienten auf und ab gehen sollen. Von diesem Weg soll dabei nicht abgeschweift werden. Die Konzentration sollte dabei auf den Muskeln der Beine liegen, die Ihre Klienten beim Gehen spüren sollten. Führen Sie diese Übung mit Ihren Klienten für wenige Minuten durch.

Übung 5 – Meditation: Suche nach Stille

Bei dieser Meditation liegt der Fokus erneut auf der Atmung Ihrer Klienten. Hierzu bitten Sie Ihre Klienten, sich ruhig hinzusetzen (oder wahlweise zu legen) und für einen Zeitraum von etwa 15 Minuten auf Ihre Atmung zu achten. Sollten die Gedanken dabei abschweifen, liegt die Aufgabe Ihrer Klienten darin, die eigenen Gedanken zurück zur Atmung zu lenken. Im Zustand der tiefsten Meditation gelingt es Ihren Klienten dabei, völlige Stille im eigenen Kopf zu erzeugen. Da es jedoch sehr schwierig sein kann, gar nicht zu denken, kann es sein, dass diese Übung zu Beginn etwas schwerer fällt.

Übung 6 – Mantra-Meditation

Eine Mantra-Meditation eignet sich besonders gut für Anfänger. Sie ist insbesondere dann hilfreich, wenn die Konzentration schwerfällt und der Geist sich beruhigen soll. Zudem kann sie eingesetzt werden, wenn ein bestimmtes Ziel erreicht werden soll. Das Prinzip der Mantra-Meditation ist einfach. Zunächst ziehen Sie sich gemeinsam mit Ihrem Klienten an einen Ort zurück, der die nötige Ruhe und Entspannung bietet. Für den Start der Meditation bitten Sie Ihren Klienten, sich ein Mantra auszusuchen. Hierzu reichen zu Beginn einzelne Worte, wie beispielsweise Ruhe, Konzentration oder Frieden. Gleichzeitig kann das Mantra auch etwas sein, was als Ziel erreicht werden soll. Hierzu können beispielsweise Sätze wie „Ich öffne mein Herz für Neues!“ oder „Ich weiß, dass ich das schaffen kann!“ eingesetzt werden. Sobald das Mantra gefunden ist, kann mit der Meditation begonnen werden. Hierzu platziert sich der Klient bequem und schließt die Augen. Nun muss er nichts weiter tun, als sich das Mantra mental immer wieder ins Gedächtnis zu rufen. Hierzu wiederholt er das Mantra stumm so lange, bis sich der Geist beruhigt und sich ausschließlich auf das Mantra konzentriert. Sollten die Gedanken abschweifen, sollte diesem Vorgang umgehend entgegengewirkt und der Fokus erneut auf das Mantra gelegt werden. Um eine entspannte Umgebung zu erzeugen, kann mit Entspannungsmusik gearbeitet werden.

Des Weiteren sollte man als Beratende Person innerhalb der Fragestellungen, um Erfolg herbeizuführen, auf die Erzeugung einer positiven und die Vermeidung einer negativen Atmosphäre setzen.

Sobald der Klient sich in einem entspannten Zustand befindet, ruhig und gleichmäßig atmet, stellen Sie als beratende Person dem Klienten folgendes Szenario vor:

Sie schlafen heute Abend ein, das ganze Haus ist umhüllt von der Stille der Nacht und wie auch immer es passieren konnte, geschieht ein Wunder – Ihr Problem hat sich über Nacht in Luft aufgelöst und ist nicht mehr relevant. Sie schlafen jedoch und bekommen von alldem nichts mit.

Stellen Sie nun folgende Fragen:

- Wenn Sie nun darüber nachdenken: Woran stellen Sie nun am nächsten Morgen zuerst fest, dass Ihr Problem gelöst wurde?
- Was hat sich nun unmittelbar verändert?
- Was tun Sie in dieser Situation als Erstes?
- Was tun Sie im Anschluss?
- Was machen Sie in dieser Situation anders als sonst?
- Wer bemerkt als Erstes einen Unterschied und woran lässt sich dieser festmachen?
- Wer wird die spezifische Verbesserung gut, wer eher schlecht finden?
- Was hat sich in Ihrem Alltag verändert, in Ihrer Beziehung bzw. Ihren Beziehungen?

Jede der möglichen Antworten auf die Fragen stellt sich als ein Verweis auf die spezifischen zugrunde liegenden Bedürfnisse des Klienten heraus. Die Fragen sollten allerdings mit genügend Zwischenraum gestellt werden, sodass der Klient ihnen auch wirklich nachgehen kann und sie richtig verinnerlichen kann. Wenn schnell bemerkt wird, dass eine Frage nicht richtig auf den Klienten wirkt und nicht funktioniert, sollte auf eine andere zurückgegriffen werden.

Alternative Möglichkeiten sind zum Beispiel:
Wer ...
... wird am meisten überrascht sein, nachdem Ihr Wunder eingetreten ist?
... wird nach dem Eintritt des Wunders etwas anders machen als bisher?
... wird der Erste in Ihrem Umfeld sein, der diese Veränderung konkret bemerkt?

Was ...
... wird ebendiese Person in der konkreten Situation wahrnehmen? Was werden Sie anders machen, als Sie es bisher gemacht haben?
... werden Sie an Ihnen selbst positiv wahrnehmen?
... werden Sie an der anderen Person bemerken, das diese verändert hat und Sie niemals für möglich gehalten hätten?

Wo ...
... möchten Sie sich am liebsten befinden, wenn Sie erstmals bemerken, dass das Wunder geschehen ist, und was möchten Sie dabei als Erstes im Anschluss an das Wunder erleben?

Wann ...
... waren Sie in der Vergangenheit bereits einmal erfolgreich? Was war in der Vergangenheit anders als heute, was Sie zum Erfolg veranlasst hat?
..., würden andere (...) sagen, waren Sie in der Vergangenheit, was ihnen sehr gefallen hat?

Nachdem die Fragen gestellt und dem Klienten ausreichend Zeit gelassen wurde, kann man **Skalenfragen** anwenden, um die Zufriedenheit unmittelbar zu messen:

An welchem Punkt auf einer Skala von 1 bis 10 würden Sie sich für den Moment, bezogen auf den Tag, nachdem das konkrete Wunder passiert ist, einordnen?

Neben Skalenfragen können Wunderfragen eingesetzt werden, um den Klienten zu befragen. Wunderfragen bestehen aus mehreren Teilen. Im Rahmen der Fragestellung wird dabei durch das gezielte Fragen ein mögliches Wunder postuliert, das bei der Bearbeitung der Lösung helfen soll.

Wichtig ist auch, zu berücksichtigen, dass ein Wunder plötzlich eintritt und überraschend kommt. Alles ist möglich, der Weg zum Wunder ist unwichtig; es passiert einfach so. Deshalb fragt man nie nach, **wie** es passiert ist, sondern **was** es ausgelöst hat. Man interessiert sich nur für das Wunder selbst und wie es sich im Alltag **zeigt**.

Hilfreich ist hier vor allem, alle Sinne für das Einfühlen und Entdecken der neuen Situation zu nutzen. Hierbei ist es besonders wichtig, wie sich das Körpergefühl und die Stimmung dabei verändern.

Hierbei können ungewöhnliche Fragen Ihre Klienten dabei unterstützen, zu einer Lösung zu gelangen. Die Fragen sind dabei so gestaltet, dass sie nach Ausnahmen, Unterschieden, kleinsten Veränderungen, spezifischen Ideen oder absurden Möglichkeiten fragen. Dies trägt dazu bei, dass unbewusstes Wissen entdeckt werden kann. Folglich kann ebendieses Wissen auf neue Weise für die Lösung eines Problems oder die Erreichung eines Ziels genutzt werden.

Natürlich kann das Szenario auch kontextabhängig gestaltet werden und somit individuellen Veränderungen unterliegen. Das Szenario sollte jedoch in den Alltag eingebettet gestaltet sein, um so ein Bezugsgefühl zu kreieren.

Beispiele: (für komische Fragen, Sinnesfragen ...)

- Angenommen es würde sich kommende Nacht etwas verändern und am morgigen Tag wäre das Problem gelöst. Was würden Sie zuerst tun?
- Woran würden Sie eine Veränderung erkennen?
- Wer außer Ihnen würde die Veränderungen wahrnehmen?
- Macht Ihr Verhalten in dieser Situation Sinn? Gäbe es noch weitere sinnvolle Verhaltensweisen?
- Für wen tun Sie das?

Es sollten außerdem **Ressourcen**, die der Klient für ein Wunder braucht, aktiviert werden. Der Klient soll sich daran erinnern, wann in der letzten Zeit (vor Stunden, Tagen, Wochen) Situationen oder das Verhalten von ihm und anderen Menschen vergleichbar wie an diesem Tag nach dem Wunder waren. So werden bereits bekannte Ressourcen wieder erweckt und dem Klienten wird bewusst, dass die nötigen Ressourcen bereits in ihm vorhanden sind und nur reaktiviert werden müssen.

Beispiel:

- Was hat Ihnen in der Vergangenheit bei der Bewältigung eines ähnlichen Problems geholfen? Wie sind Sie vorgegangen?
- Welche Fähigkeiten standen Ihnen in der Vergangenheit für die Bewältigung von Problemen zur Verfügung, sodass Sie die Situation erfolgreich meistern konnten?
- Wie haben Sie es in der Vergangenheit geschafft, dass das Problem nicht noch einmal auftritt?
- Was können Sie tun, um die in der Vergangenheit verwendeten Ressourcen zur Problemlösung zu reaktivieren?
- Was haben Sie in der Vergangenheit getan, damit sich die Situation nicht verschlechtert?

Am Schluss ist es oft ratsam, dem Klienten ohne viele Worte einen Moment für sich zu geben, um die Erlebnisse in der Trance, dem Zustand der Entspannung, richtig wirken zu lassen.

Danach führt man als beratende Person den Klienten sanft, aber bestimmt wieder aus der Trance hinaus zurück in die Gegenwart, durch Äußerungen wie:

„Und nun lassen Sie sich überraschen, wie sich auf wundersame Weise – schon fast wie von selbst – die Dinge verändern werden. Und Sie werden erst nach und nach herausfinden, dass diese Veränderungen eingetreten sind, weil Sie und Ihr Verhalten sich verändert haben. Gehen Sie nun nach Hause und lassen Sie sich überraschen, wie das alles passieren wird. Sie brauchen an nichts zu denken, nichts zu tun, können einfach ganz entspannt alles geschehen lassen, was geschehen soll."

In einer späteren, darauffolgenden Sitzung soll dann schließlich der Erfolg anhand von Skalenfragen gemessen werden.

- Wie haben sich die Dinge verändert?
- Wie haben Sie dazu beigetragen, dass sich die Dinge so entwickelt haben?
- Wie viel von dem, was das Wunder ausmacht, ist schon passiert?
- Was ist sonst in der Zwischenzeit passiert, was Einfluss auf die Situation genommen hat?
- Wo stehen Sie gerade auf einer Skala von 1 bis 10 bezogen auf das Ziel, was Sie erreichen wollen?

Anschließend wird an dieser Stelle wieder das Wichtigste, was sich immer vor Augen gehalten werden sollte, platziert.

Außerdem sollte wiederum durch Fragen überprüft werden, was der Klient noch braucht, um sein Wunder ganz zu realisieren:

- Welches Ereignis müsste sich einstellen, damit das Wunder vollständig und vollumfänglich das von Ihnen gewünschte Ziel erreicht?
- Was können Sie bis zur nächsten anstehenden Sitzung noch dazu beitragen, damit sich das Wunder vollumfänglich vollzieht?

Wann wird diese Methode eingesetzt?

Die systemische Methode der Wunderfrage können Sie immer dann einsetzen, wenn Ihre Klienten innerhalb ihres Standpunktes oder ihrer Sichtweise feststecken. Sie kann in diesem Zusammenhang dabei unterstützen, die Lösungsvorstellung anzuregen, und unterstützt Ihre Klienten dabei, diese entsprechend zu artikulieren.

Mithilfe des durch die Frage geschaffenen Wunders ist es Ihren Klienten im Anschluss möglich, die Grenzen der eigenen Vorstellungskraft zu durchbrechen.

Mit diesem Vorgehen müssen sich Ihre Klienten keine Gedanken über das machen, was als realistisch zu bewerten ist. Zudem müssen sie sich nicht befragen, ob diese Vorstellung zu einer konkreten Problemlösung beitragen kann. Diese Situation tritt in der Praxis immer dann auf, wenn Situationen auftreten, die Klienten nicht eigenständig bewältigen können. Hierbei ist er dann auf die Hilfe von außen angewiesen.

Auch bei Unklarheiten über ein konkretes Ziel findet diese Methode Anwendung. Ebenso bei Gefühlen von Auslieferung in bestimmten Situationen, die beim Klienten Ohnmachtsgefühle hervorrufen können, wodurch sie unfähig sind, eigenständig zu handeln.

Erfolgsfaktoren der Methode

Eine große, entscheidende Bedeutung hat der Aspekt, **wie** die Fragen formuliert werden: Sie sollten nicht auf ein Thema beschränkt sein, sondern dem Klienten Raum geben, ein breiteres Spektrum an Antworten auf die Fragen zu finden. Bei den meisten direkten und präzise formulierten Fragen werden Sie als beratende Person kaum eine Antwort erhalten, zumal die Anwendung, wie bereits erwähnt, von Unklarheiten und Unsicherheiten auf der Seite des Klienten geprägt ist.

Einen anderen Erfolgsfaktor stellen Ausnahmen dar: Da die meisten Klienten Ausnahmen vom Problem kennen, scheint es für die Umsetzung am einfachsten zu sein, wenn konkret nach Ausnahmen gefragt wird. Dies kann im Anschluss an die Formulierung der Wunderfrage umgesetzt werden.

Wirklichkeit als Konstruktion – die Veränderung innerer Landkarten

Haben Sie schon einmal darüber nachgedacht, dass Landkarten nicht viel mehr aussagen, als sich ihre Benutzer im Land zurechtfinden und sich an ihr orientieren, als über das dargestellte Land selbst? Also viel mehr über die Konstruktion als über die eigentliche Wirklichkeit? Landkarten **sortieren, strukturieren** und **fokussieren** für ihre Zweckbestimmung auf **das Wesentliche** und bieten durch diese Komplexitätsreduktion einen hohen Nutzen.

Geographische Landkarten sind zum Kulturgut geworden und bieten Menschen in unbekannter Umgebung **Stabilität**. Grobe anstatt differenzierte, komplexe Karten machen es dem Nutzer leichter, Entscheidungen zu treffen. Wichtig ist aber, sich zu merken, dass man erst dann eine realistische Landkarte von der Welt erstellen kann, wenn man sie bereist und erforscht hat. Eine Landkarte bildet die Welt dann so ab, wie sie vom Ersteller gesehen und interpretiert wird. Damit aber manipulieren sie den Anwender. Und das betrifft nicht nur die Auswahl, die abgebildet wird, sondern auch, wie sie dargestellt wird.

Zeigen heißt auch gleichzeitig **Verbergen** – so entstehen Weltbilder. Für die Karte ist es daher wesentlich, an welcher Stelle der Fokus von wem gesetzt wurde. Dies sollte in diesem Zusammenhang möglicherweise auch reflektiert und hinterfragt werden. Durch die Kartographie, die mithilfe der Landkarte angefertigt wird, wird ein Stück dessen aufgedeckt, was andernfalls mehr oder weniger bewusst durch den Ersteller als nicht relevant bewertet worden wäre. Interessante Fragestellungen sind dabei die Frage nach dem Zentrum und der Mitte, wo ein Ausschnitt aufhört, woran die Orientierung innerhalb der Landschaft gemessen wird sowie welche Symbole, Zahlen und Zeichen oder spezifischen Wortbestandteile es gibt. Karten können durchaus auch Realitäten erschaffen, die es ohne sie nicht gäbe.

Ein Beispiel liefert die **Mercator-Karte**, die die erste zweidimensionale Darstellung der Welt darstellt. Jedoch ist die Karte flächenverzerrt: Je weiter Länder in den Norden verschoben werden, desto größer wirken sie.

Aus diesem Grund wirken auch Europa, die USA und Russland größer, als sie im Verhältnis sind. Hier wird das Ausmaß der Verzerrung der Proportionen deutlich, die sich zugunsten der westlichen Industrienationen sowie der weißen Erdbevölkerung auswirkt. Wer die Karte zeichnet, hat also die Macht. Deshalb sind auch die Grenzen Afrikas so gerade: Viele Länder in Afrika und auch Lateinamerika haben schnurgerade Grenzen. Das liegt vor allem daran, dass dort irgendwann die europäischen Kolonialmächte mit dem Lineal die Welt untereinander aufgeteilt haben. Dies gelang ihnen aufgrund ihrer Macht. Hierbei haben sie ungeachtet der eigentlich gewachsenen Strukturen die Landkarte so gezeichnet, wie es für sie als angenehm erachtet wurde.

Der Begriff der Landkarte ist in den vergangenen Jahren immer mehr zu einer systemischen Metapher geworden. Gleichzeitig ist das Mapping nicht zuletzt durch die im Rahmen des schulischen Kontextes eingesetzte Methode des Mind Mappings und die Darstellung von Prozesslandschaften auch außerhalb des methodischen Bereichs zu einem wichtigen und gängigen Begriff avanciert.

Das Leben erschließen wir uns im Laufe des Lebens dabei durch die eigenen Landkarten. Daher sind diese von großer Bedeutung für uns.

Hier setzt wieder der **radikale Konstruktivismus** ein: Aufgrund unserer persönlichen Wahrnehmung erschaffen wir ein auf Subjektivität basierendes Abbild der Realität, das unabhängig vom Individuum nicht besteht. Hier ist es wichtig, sich bewusst zu machen, wie sehr Karten in der Tat Ansichtssache sind. Realität wird damit zu einem Bestandteil, den Individuen durch einen festgelegten Filter betrachten. Sie ist somit nur eine Konstruktion der Wirklichkeit, die auf den eigenen Sinnen und Erinnerungen basiert. Realität wird somit zu einem Faktor, der viel zu komplex ist, um ihn durch Dimensionen wie beispielsweise Raum und Zeit vollumfänglich zu erfahren. Im Kontext der systemischen Beratung beschreiben die sogenannten inneren Landkarten somit sowohl die bewussten als auch die unbewussten Orientierungsmuster, die sich jedes Individuum im Verlauf seines Lebens angelegt hat.

Einfluss auf die innere Landkarte nimmt also die ganz persönliche Vorgeschichte des Lebens, von der Entwicklung der Kindheit bis zum heutigen Standpunkt mitsamt all den gesammelten Erfahrungen und Erlebnissen:

Dazu zählen

- familiäre und gesellschaftliche Erwartungen und Voraussetzungen,
- Werte der Eltern bzw. des engsten Umfelds,
- nicht hinterfragte Normen,
- die eigenen Reaktionen und Wahrnehmungen bestimmter Ereignisse und die daraus eigens entwickelten Regeln,
- Einstellungen,
- (Moral)vorstellungen,
- Wertmaßstäbe,
- Normen und (Glaubens)haltungen.

Die auf diese Weise generierten Orientierungsraster werden damit zu einem Spiegel, der die individuelle Persönlichkeit wiedergibt. Somit bestimmen sie, worauf das Individuum bei seiner Orientierung in der Welt den Schwerpunkt legt. Ebenso verhält es sich im Rahmen des Vorgehens der inneren Landkarte. Dass Landkarten nur individuell gefilterte und speziell ausgewählte Aspekte des Individuums abbilden, wurde bereits beschrieben.

Das heißt, unsere Wahrnehmung erfasst das, was wir als bedeutend bewerten – also das, was sich im Verlauf von Sozialisation und Entwicklung für uns bewährt hat. Meist haben sich die als bedeutend bewerteten Aspekte als besonders nützlich herausgestellt. Andere Informationen hingegen konnten herausgefiltert werden.

Der zu starke und ausschließliche Fokus auf die eigene innere Landkarte birgt dabei allerdings auch Konsequenzen. Jeder, der nur seine eigene Landkarte kennt, fokussiert sich bei der Interaktion mit anderen ausschließlich auf seine Sicht der Welt. Das heißt, er tendiert dazu, sich seine eigenen Sichtweisen immer wieder selbst zu bestätigen. Diese Haltung verleitet im Weiteren dann dazu, vorschnelle Entscheidungen zu treffen. Gleichzeitig ignoriert diese Haltung den Wandel und blendet Neues und Unbekanntes außerdem aus. Deshalb sollten die inneren Muster und Orientierungen immer wieder hinterfragt und erweitert werden, was eine Methode der systemischen Beratung darstellt.

Zwar hat man irgendwann den Punkt erreicht, an dem die Persönlichkeit gefestigt und die innere Landkarte gezeichnet ist. Veränderungen der inneren Landkarte sind jedoch trotzdem möglich, da diese einem stetigen Wandel innerhalb der persönlichen Entwicklung unterliegt. An diesem Punkt der Festigung der Persönlichkeit, die häufig entsteht, wenn man fest im Beruf angekommen ist, läuft man Gefahr, sein Verhalten nicht mehr zu hinterfragen, sondern automatisiert zu handeln. Und plötzlich wundert man sich, wieso es nicht so gut läuft.

Da kommt die Methode der systemischen Beratung zugute: Die Veränderungen der inneren Landkarte beinhalten zum Beispiel, sich aus der **Komfortzone der Routine** heraus und in neue Erfahrungen außerhalb des Bekannten und der bestehenden Muster der Landkarte zu wagen.

Eine Möglichkeit bietet dabei die Tatsache, sich mit Menschen zu treffen, die andere Fragen formulieren und Ihnen Sichtweiten präsentieren – auch wenn das bei Ihnen auf Widerstand stoßen kann, wenn Sie von anderen Menschen unvermittelt mit deren tiefen Überzeugungen konfrontiert werden. Das liegt vor allem daran, dass diese häufig nicht mit Ihren bisherigen Vorstellungen harmonieren.

Werden uns diese Wahrnehmungsfilter von anderen Menschen genommen, führt dies dazu, dass wir nicht mehr im Einklang mit unseren Vorstellungen über die Welt stehen. Geht es darum, neue positive Erfahrungen zu machen, kann das positiv sein, weil dadurch neue Fähigkeiten erlernt werden können. Handelt es sich jedoch um negative Erfahrungen, kann dieses Vorgehen auch Angst und Stress erzeugen, vor allem dann, wenn sich spezifische Unstimmigkeiten nicht beheben lassen. Das führt dann dazu, dass die eigene Welt nicht mehr stimmig ist und somit in der Folge nicht mehr begriffen werden kann. Tritt dieser Fall ein, kann dies ein hohes Maß an emotionalem Stress sowie Unruhe generieren. Dies ist es auch, was in Konflikten passiert:

Da dem Großhirn Energie abgezogen wird, blockiert es. Das Stammhirn, welches auch als Reptilienhirn bekannt ist, droht hierbei, die Führung unkontrolliert zu übernehmen.

Bei diesem Vorgang werden wir mitten in die tieferen Strukturen unserer Persönlichkeit getroffen. Auf diese Weise kommt nicht nur unser Welt-, sondern auch unser inneres Selbstbild ins Wanken. Innerhalb dieses Prozesses versucht das Gehirn, Stimmigkeit zu erzeugen, und beabsichtigt, durch den Abgleich mit der inneren Landkarte Stress zu reduzieren.

‚Landkarten' im Unternehmen

Interessant wird die Metapher der Landkarten auch im Bereich Unternehmen oder Organisationen: Wer zeichnet die innere Landkarte eines Unternehmens? Wer hat dort die Macht, die Landkarte von Kunden, Markt und Wettbewerb zu zeichnen, auf deren Grundlage Entscheidungen getroffen werden? Wird dafür das vorhandene Erfahrungswissen aller Abteilungen genutzt? Wie alt sind die Informationen, auf denen die Kartenzeichnungen basieren? Wann wurde die Karte zuletzt mit der Realität verglichen? Um als beratende Person einer Organisation bei der Erstellung einer gemeinsamen inneren Landkarte zu helfen, benötigt man fünf Konzepte:

1. Ein Zentrum

➢ Wo befindet sich die Mitte? Was kann man von dort aus sehen, was ist die beste **Perspektive**? Befindet man sich selbst eher am Rand oder eher im Zentrum?

2. Eine Orientierung

➢ Wo ist der Norden? Wo befindet man sich? Was liegt **hinter**, was liegt **vor** einem?

3. Eine Grenze

➢ Wo ist die Grenze der bekannten Welt? Wo hört die Landkarte auf? Und warum? Was scheint einem **uninteressant** und wieso?

4. Einen Maßstab

➢ Wie wird die Welt vermessen? Wessen Maßstäbe werden dafür eingesetzt und somit übernommen? Wie wird **bestimmt**, was „wichtig" oder „unwichtig", „groß" oder „klein" erscheint?

5. Eine Abstraktion

➢ Wie wird die Welt aus der Karte heraus **„übersetzt"**, wie versteht man sie daraus? Was wird dabei verloren? Was wird in den Vordergrund gestellt, was sieht man scharf, was eher unscharf?

Die innere Landkarte ...*auf einen Blick!*

- Was finde ich erstrebenswert für mein Leben?
- Welche Werte sind mir persönlich wichtig?
- Wonach bewerte ich mich selbst?
- Wonach bewerte ich andere Menschen?
- Welche Regeln habe ich für mich aufgestellt?
- Welche Regeln gelten für den Umgang mit anderen Menschen?
- Was erwarte ich von andere*n Menschen?*
- Wie verhält „man“ sich? Was darf „man“, was tut „man“ nicht?
- Was sind absolute No-Gos?

Verstörung von Mustern

Wie bereits bekannt, geht es im gesamten Konzept der systemischen Beratung weniger um Hypothesen über das Zustandekommen eines Problems als um eine zentrierte **Lösungsfindung**.

Hierbei wird das Problem als ein Muster dargestellt, das in seinem gewohnten Umgang unterbrochen werden soll. Es geht also darum, das bestehende Muster zu verstören, sodass es nicht mehr in gewohnter Weise ablaufen kann. Damit werden die Interaktionen um ein Problem herum mithilfe der Methodik völlig verändert. Das heißt, gewohnte Abläufe werden unterbrochen.

Wie muss eine Invention also beschaffen sein, damit sie auf den Klienten einen verstörenden Effekt hat, sodass sie eine Veränderung im gewünschten Sinn erzielen kann?

Diese Intervention wird auf der Basis der Aktivierung von selbstorganisierten Heilungsverläufen möglich gemacht. Diese wiederum kann durch eine sich ändernde Rückkopplung gelingen.

Beispiel:
Lena war zu Schulzeiten immer eine gute Schülerin. An ihrer Schule hat sie daher das Abitur mit einer Auszeichnung ablegen können. Ihr Abitur hat sie dabei an einem religiösen Mädchengymnasium gemacht. Ihre Mutter Maria war nicht nur sehr streng in ihrer Erziehung, sondern auch gläubig. Sie hatte immer viel Wert darauf gelegt, ihre Tochter gut zu erziehen. Zum Abitur hat ihr ihre Mutter ein Buch geschenkt, dass sie über den Umgang mit Männern aufklären sollte.

Dieses Erlebnis ist Lena bis heute im Gedächtnis geblieben, so sehr, dass sie bis heute großen Respekt und manchmal sogar Angst vor ihr hat. Für das Studium der Psychologie ist Lena in eine andere Stadt gezogen. Die Erwartungen ihrer Mutter an ihre Leistungen haben sich dadurch nicht verändert. Die Mutter verlangt von ihr, dass sie ihre Ergebnisse postalisch mitteilt.

In ihrem ersten Brief an ihre Mutter teilt Lena ihrer Mutter zunächst mit, dass sie im Studium einen jungen Mann kennen und lieben gelernt hat. Er heißt Abdul und ist Libanese und Moslem. Weiter schreibt sie, dass sie diesen Mann heiraten wird, da er sie geschwängert hat. In den darauffolgenden Passagen löst Lena diesen Schock dann auf und teilt ihrer Mutter mit, dass ihre Zeilen nicht wahr waren, aber dass sie ihre erste Klausur leider völlig versiebt hat. Hier weist sie ihre Mutter darauf hin, was schon eine versiebte Klausur im Vergleich zur größten Horrorvorstellung ihrer Mutter ist.

Auf eine Verstörung beziehungsweise Irritation reagieren Klienten anders, als sie dies normalerweise tun würden. Dieses Verhalten bewirkt in der Folge eine differenziertere Wahrnehmung des Umfelds. Dieses bestätigt, irritiert oder korrigiert den Klienten wiederum und so weiter und sofort. Im Rahmen einer Behandlung können sich interaktive Prozesse somit nicht nur erhalten, sondern auch verstärken und korrigieren.

Beispiel:
Im weiteren Verlauf und Briefaustausch mit Lenas Mutter wirkt diese milder gestimmt. Lenas Mutter meldet sich bei ihrer Tochter und teilt ihr mit, dass sie sich freut, dass sie sich gut eingelebt habe. Sie geht nicht auf Lenas Erzählungen auf Abdul ein und teilt ihr mit, dass sie sicher noch einige Zeit benötigen werde, bis sie sich an die neue Form der Leistungen an einer Universität gewöhne. In Zukunft, so schreibt sie weiter, werden ihre Zensuren sicherlich noch um einiges besser werden. Immerhin solle sie sich erst einmal etwas Zeit geben, um anzukommen.

Ausnahmen und Möglichkeitssinn

Respektvolles Gegenübertreten ist in der systemischen Beratung von großer Bedeutung, weshalb das empathische Eingehen auf das Problem eines Klienten auch eine große Rolle spielt.

Dabei sollte jedoch nicht vergessen werden, einen genauso empathischen Blickwinkel auf die verschiedenen Möglichkeiten zu legen: Wird innerhalb einer Organisation beispielsweise darüber geklagt, dass man nicht mehr vernünftig miteinander reden könne, wäre eine Option als beratende Person im Rahmen dieser Methode, nach einer **Ausnahme** zu fragen, das heißt, wann sich das letzte Mal gut verstanden wurde.

Oft liegt dieser Zeitpunkt in gar nicht allzu weiter Vergangenheit und ein Perspektivenwechsel kann sich vollziehen. Möglichkeiten bekommen durch Fragen nach Ausnahmen einen neuen Sinn zugeschrieben. Außerdem soll durch Fragen nach Ausnahmen verdeutlicht werden, dass das Problem **nicht allgegenwärtig** ist.

Schlüsselfragen sind:

- „Wie oft ist das Problem nicht aufgetreten?"
- „Wie lange ist das Problem nicht mehr aufgetreten?"
- „Wie wurde in diesen Zeiten der Abwesenheit des Problems anders gehandelt?"
- „Wie können Sie und andere mehr von den Dingen tun, welche Sie in Zeiten ebendieser Abwesenheit getan haben?"

Damit es einem System gelingt, sich auf neue Bewertungsmöglichkeiten sowie Handlungsspielräume einzulassen, ist es unabdingbar, dass die gegenwärtige Situation eines Systems aus der Sichtweise von allen Beteiligten betrachtet wird. Der Hintergrund dessen ist, dass ebendiese Sichtweisen für alle Beteiligten durchschaubar werden sollen.

Dies kann unter anderem durch folgende Fragen geschehen:

- „Wer der Betroffenen reagiert am meisten auf das Problem?“
- „Wer der Betroffenen reagiert am wenigsten auf das Problem?“
- „Aus welchen Verhaltensweisen entstand das Problem?“

Fragen zur Möglichkeitskonstruktion sollen dem System neue Wirklichkeiten bieten sowie differenzierte und multiple Perspektiven eröffnen.

ZIRKULÄRES FRAGEN

Auch die Methode des zirkulären Fragens habe ich Ihnen bereits in dem Kapitel „5 Schritte zur systemischen Beratung“ unter dem zweiten Schritt „Anliegen konkretisieren“ nähergebracht: Zirkuläres Fragen umfasst die Meinungen aller Beteiligten nach den Gedanken und Gefühlen **anderer** Mitglieder des Systems.

Das zirkuläre Fragen bewirkt, dass sich der Befragte in eine andere Person hineinversetzt und so einen anderen Blickwinkel zu bestimmten Situationen bekommt. Aber auch Sie als beratende Person profitieren von den Vorteilen dieser Methode, indem Sie neue Informationen über die Sachlage des Klienten erlangen.

Beispielfragen im Rahmen der Methode des zirkulären Fragens wären:

- Was sagt die Mutter dazu, wenn sich die zwei Kinder ständig streiten?
- Wie fühlt sich die kleine Schwester, wenn der Vater den großen Bruder anschreit?
- Wie fühlt sich die Tochter, wenn sie die Mutter weinen sieht?
- Was sagt der Vorgesetzte dazu, wie zwei Kunden über sein Unternehmen sprechen?

Innerhalb der Methode kann jedoch zwischen verschiedenen Arten von zirkulären Fragen, je nach Kontext der Konversation, unterschieden werden. Die Klassifizierungen unterscheiden sich in Form, Zielsetzungen oder auch nach Inhalt. Im Folgenden möchte ich Ihnen die Kategorisierung nach *Arist von Schlippe und Jochen Schweizer*, ergänzt durch *Fritz B. Simon*, vorstellen:

1. Systemisch zirkuläre Fragen

Zirkuläre Fragen beschreiben das Abfragen des Zirkels. Dieser Zirkel kann sich wechselseitig innerhalb seiner Ereignisse bedingen. Zum Beispiel:

> „Was würde geschehen, wenn Sie in der Kommunikation weiter so vorgehen, wie Sie es jetzt tun?"

2. Triadisch zirkuläre Fragen

Triadische Fragen erörtern Vermutungen und fragen nach internen Gedanken von Dritten. Triadisch zirkuläre Fragen fragen somit nach der Kommunikation zwischen zwei Personen und bringen diese auf diese Weise in die Interaktion miteinander.

> „Was sagt Ihre Mutter dazu, wie Ihre zwei Geschwister miteinander umgehen?"

3. Perspektivische Fragen

Bei dieser Technik werden Einschätzungen von unterschiedlichen Personen zu verschiedenen Zeitpunkten je nach Situation und Kontext abgefragt, um so neue Perspektiven zu erreichen und Sichtweisen zu erweitern. Zum Beispiel:

> „Wie wurde die Situation gehandhabt, als das Problem noch nicht bestand/nicht so ein gravierendes Ausmaß hatte?"
> „Wie sehen die anderen Abteilungen; Lieferanten, Kunden, Mitarbeiter das Problem?"
> „Wie wird die Situation um das Problem in einem Jahr gesehen?"

Selbstreflexiver Dialog

Eine weitere Methode, die den Klienten dazu bewegen soll, sich selbst von außen zu sehen und so einen Perspektivwechsel herbeiführen zu können, ist der selbstreflexive Dialog durch die beratende Person.

Zunächst einmal zum Begriff **Selbstreflexion**, der sich in *Selbst* und *Reflexion* unterteilen lässt:

Mit dem Begriff des Selbst wird innerhalb der Psychologie die Information bezeichnet, die Menschen im Zusammenhang mit der eigenen Person bereits besitzen. Hierzu zählen auch solche Informationen, die von ebendiesem verarbeitet, gesammelt oder verwendet werden. Somit kann das Selbst als ein Oberbegriff für alle **kognitiven** Komponenten gewertet werden, die eine Person innehat.

Kognitiv bedeutet so viel wie „das Wahrnehmen, Denken, Erkennen betreffend". Zu den kognitiven Komponenten einer Person zählen demnach unter anderem Gedanken, Erwartungen und Wahrnehmungen. Grundlage für die Formung des „Ichs", also des Selbst, sind die Erfahrungen, die wir als Menschen vom Kindesalter an sammeln. Wesentlich sind vor allem jene Erfahrungen, die in unseren Handlungen Anwendung finden und auch in den sprachlichen Äußerungen artikuliert werden.

Hier wird sowohl zwischen dem **idealen** als auch dem **realen** Selbstkonzept unterschieden. Das bedeutet, es findet eine Unterscheidung zwischen der Idee, die man wirklich hat (= real), sowie dem Ziel, also der Person, die man gerne sein möchte (= ideal), statt.

Des Weiteren sind nicht alle Aspekte des Selbst bewusst greifbar, denken Sie hier einmal an Gewohnheiten, auf die man vielleicht erst durch äußere Einflüsse aufmerksam gemacht wurde.

Der Begriff der **Reflexion** kann somit als ein aktiv gestalteter Teilnahmeprozess verstanden werden, der auf eigenen Erfahrungen basiert. Bei dieser Reflexion wird der Blick auf das eigene Handeln gerichtet und gleichzeitig selbiges hinterfragt. Jeder Mensch ist in der Lage, sein Handeln im Anschluss an eine spezifische Situation sowie davor und währenddessen zu reflektieren. Hier sind Forscher jedoch der Meinung, dass die spezifische Reflexion ausschließlich durch bestimmte Ereignisse ausgelöst werden kann, durch die wir beispielsweise Verlust oder Erfolg erleben.

Innerhalb der Methode der systemischen Beratung äußert nun die systemisch beratende Person auf behutsame und wertschätzende Weise eigene Gedanken, Sichtweisen oder Lösungsansätze zum Anliegen des Klienten. Durch diese Perspektive hat der Klient die Möglichkeit, einen komplexen Blick auf sich, seine Gedanken und einzelnen Sicht- und Lösungsweisen zu richten und somit sich selbst zu reflektieren.

Der selbstreflexive Dialog hat zum Ziel, dass der Klient sich selbst **bewusster** wird, woraus ein gesteigertes Selbstbewusstsein entspringt. Hierbei ist auch wichtig, zu erwähnen, dass die Resultate des selbstreflexiven Dialogs in zwei Kategorien aufgeteilt werden können, nämlich je nach **positivem** oder **negativem** Ergebnis der Selbstreflexion.

Gelangt der Klient zu einer positiven Bewertung der eigenen Handlungen, Haltung und Erfahrung, wird darauf gesetzt, dieses positive Verhalten beizubehalten. Im Falle eines negativen Ergebnisses eröffnet sich ein neuer Selbstreflexionsprozess: Der Klient sollte gefragt werden, was er oder sie nun mit diesen Gedanken und Gefühlen anfängt und wie er oder sie diese möglicherweise ändern könnte.

Externalisierung

Die Methode der Externalisierung des Problems dürfte Ihnen auch schon bekannt vorkommen – im Zusammenhang mit dem australischen Therapeuten *Michael White*, dessen Technik ich Ihnen bereits ganz am Anfang dieses Ratgebers ausführlich geschildert habe. Nun folgen ein paar generelle Informationen über die Externalisierung.

Der Begriff Externalisierung stammt aus dem Lateinischen *„externus"* und bedeutet so viel wie eine „Nach-Außen-Verlagerung" oder auch eine **Abwälzung**. Rufen wir uns unsere bereits bekannten Informationen noch einmal kurz ab: Die Methode der Externalisierung zielt darauf ab, das Problem nach außen zu verlagern, und versucht, die herkömmliche Ansicht, dass ein Problem in einer Person selbst liegt, rückgängig zu machen.

Die grundlegende Annahme der beratenden Person ist also, dass das Problem das Problem ist und nicht der Klient. Klient und Problem werden **sprachlich getrennt**. Der Methode liegt also als zentralstes Anwendungsmittel zugrunde: die Sprache, die vorwiegend auf narrativer (erzählerischer) Ebene abläuft.

Im Rahmen der Externalisierung auf narrativer Ebene soll durch gezielten Einsatz von Sprache der beratenden Person eine neue Sprache beim Klienten entstehen. Diese Form stellt eine unkomplizierte Methode dar, oft wird diese Methode nicht gezielt transparent angekündigt und erläutert.

Welche Formulierungen helfen dem Klienten, sich von dem Problem zu lösen?

Neben der narrativen Form der Externalisierung gibt es auch noch die Methode, **Puppen** oder **Plüschtiere** einzusetzen, um das Problem zu **symbolisieren** und zu externalisieren. Diese Technik sollte jedoch vorher transparent kommuniziert werden, um von dem Klienten keine abblockende Reaktion zu erhalten. Oft führt diese Technik nämlich zuerst auf Widerstand und Empörung, da sich Klienten in ihrem Problem nicht ernst genommen fühlen. Doch auch Sie als beratende Person sollten sich wohl in dieser Technik fühlen, um sie einzusetzen. Ein großer Vorteil für den Klienten dabei ist, dass eine

Interaktion mit den Gegenständen möglich wird und somit auch wieder neue Blickwinkel auf das Problem entstehen können.

Eine weitere Variante der Externalisierung stellt die Arbeit mit **Briefen, Berichten** oder **Geschichten** dar, die ebenfalls Möglichkeiten bieten, ein Problem zu externalisieren. Der Klient kann im Rahmen dieser Methode die Geschichte seines Problems „neu schreiben". Allgemein läuft die Externalisierung in unterschiedlichen Schritten ab, die ihren Ablauf strukturieren. Das Ziel der Externalisierung ist dabei, unabhängig von der jeweiligen Methode, immer, dass die wechselseitigen Einflüsse von Person und Problem wahrgenommen werden und dass das Problem außerhalb der Person wahrgenommen und verstanden werden kann.

Anleitung:

1. In einem ersten Schritt erfolgt die Beschreibung des Problems. Hier geht es darum, gemeinsam mit dem systemischen Berater eine Form für das Problem zu finden. Die Basis hierfür stellt die jeweilige Vorgeschichte des Klienten dar. Hier kann er bereits mit den Fragen konfrontiert werden, die den Einfluss des Problems auf sein Leben sowie auf die Mitglieder seines Systems beschreiben. Gleichzeitig wird er dabei angeleitet, zu beschreiben, welchen Einfluss die Mitglieder seines Systems auf den Fortbestand seines Problems haben. In diesem Schritt wird demnach herausgearbeitet, wie der Klient sein Problem umschreibt, wahrnimmt und definiert. Hilfreiche Fragen können in dieser Phase vielfältig sein.

Beispiele:

- In welchen Situationen taucht das konkrete Problem auf?
- Wie stellen Sie die Anwesenheit des Problems fest?

2. Im zweiten Schritt erhält das Problem einen Namen. Für den Prozess der Externalisierung wird hierbei meist mit Substantivierungen gearbeitet, die Eigenschaften umschreiben.

Beispiel:

Wenn der Klient sich in seiner Situation als „ängstlich" oder „verzweifelt" umschreibt, könnten hieraus mögliche Substantivierungen wie „Angst" und „Verzweiflung" abgeleitet werden.

3. Im dritten Schritt geht es darum, eine Symbolisierung einzuführen, die das Problem rahmt. Angeleitet werden kann der Klient dabei mithilfe der nachfolgenden Fragestellungen.

Beispiele:

- Nehmen wir an, Ihr Problem wäre ein Mensch, ein Gegenstand oder sogar ein Fabelwesen, welches wäre es dann?

• Stellen Sie sich vor, Ihr Problem säße hier neben Ihnen auf dem Stuhl, anstatt in Ihrem Kopf herumzugeistern. Was könnten wir sehen?

• Wenn sich Ihr Problem nicht in Ihrem Körper, sondern außerhalb Ihres Körpers befinden würde: Welche Gestalt hätte es?

Durch diese Form des Nachfragens erhält der systemische Berater ein besseres Bild von den Einzelheiten des Problems.

4. Nach der erfolgreichen Absolvierung des dritten Schrittes kann in unterschiedliche Richtungen weitergearbeitet werden. Hierbei hat der Berater die nachfolgenden Möglichkeiten:

• Unterschiede erfragen

Beispiele für mögliche Fragen nach Unterschieden:

Wie hat sich Ihr Befinden verändert, seit Ihnen das Problem gegenübersitzt?

Welche Unterschiede haben sich in Ihrer Gefühlslage ergeben, seit das Problem nicht mehr in Ihnen existiert, sondern außerhalb?

• Verhalten aufzeigen

Beispiele für mögliche Fragen, die ein bestimmtes Verhalten aufzeigen:

Wo handeln Sie gegen Ihren eigenen Willen?

Wo lässt Sie Ihr Problem besseren Wissens handeln?

Wann ist Ihr Problem weniger präsent?

• Konkrete Ausnahmen erfragen

Beispiele für mögliche Fragen, die konkrete Ausnahmen erfragen:

Wie lange ist es her, dass Sie sich das letzte Mal erfolgreich gegen Ihr Problem gewehrt haben?

Wann haben Sie sich das letzte Mal gegen Ihr Problem aufgelehnt?

Was wird durch die Anwesenheit des Problems schlimmer?

Wann ist das Problem erstmalig aufgetreten?

• Lösungsstrategien erarbeiten

Beispiele für mögliche Fragen, die dem Erarbeiten von Lösungsstrategien beitragen:

Woran erkennen Sie, dass Sie auf dem richtigen Weg sind?

Welche Schritte müssen Sie als Nächstes einleiten?

• Nutzen des Problems herausstellen

Beispiele für Fragen, die den Nutzen des Problems herausstellen:

Welche Vorteile bringt das Problem manchmal mit sich?

Wie wirkt das Problem auf Ihre Beziehungen?

Wovor bewahrt Sie das Problem?

Welche positiven Seiten hat Ihr Problem?

Im Rahmen dieses Schrittes ist es wichtig, dass der Berater zusammen mit dem Klienten die Ressourcen herausarbeitet, die für die Problemlösung in ihm selbst liegen. Auf diese Weise erlangt der Klient Abstand zu seinem eigentlichen Problem und kann somit einen klareren Blick auf selbiges richten.

5. In diesem Schritt geht es darum, weitere Probleme zu identifizieren und diese ebenfalls zu externalisieren. Auf diese Weise werden auch weitere Probleme für Ihren Klienten greifbar.

6. Hier geht es um den Aufbau der Lösungskompetenz des Klienten. Die in vorangegangenen Schritten verwendeten Symbole für das Problem sollen zukünftig als Erinnerung für bereits vorgenommene Veränderungen sowie persönliche Fortschritte verwendet werden.

Beispiel:
Als Symbol für ein altes Problem erhält der Klient von seinem Berater einen Stein, den er in seiner Hosentasche trägt. Dieser dient als Gedankenstütze, um in schwierigen Situationen nicht in alte Muster zu verfallen.

Reflektierendes Team

Die Methode des reflektierenden Teams verfolgt das Ziel, einen **Freiraum** für die Entwicklung von vielfältigen Perspektiven zu schaffen, die auf diese Weise passende Ideen und Lösungsmöglichkeiten liefern. Einen Ansatz der Methode des reflektierenden Teams lieferte der norwegische Familientherapeut und Professor für Sozialpsychologie *Tom Anderson*, der ein Gespräch im Rahmen des reflektierenden Teams in den äußeren und den inneren Dialog aufteilt. Seine Idee veröffentlichte Tom Andersen 1987 bis 1988 in seinem Buch ‚Das reflektierende Team, Dialoge und Dialoge über die Dialoge'. Dazu begeben sich die beteiligten Systeme, also Klienten und beratende Person sowie Beobachtende, in einen gemeinsamen Prozess von abwechselnder Kommunikation.

1. Phase: Dialog

Die Methode verläuft nun so, dass innerhalb des beobachtenden Systems ein Team aus drei bis vier Mitgliedern die Kommunikation zwischen beratender Person und Klient verfolgt und somit eine reflektierende Position einnimmt – das reflektierende Team entsteht. Dies kann entweder durch Beobachtung durch einen Spiegel aus dem Nebenraum geschehen oder auch direkt aus Anwesenheit in demselben Raum. Eine aktive Beteiligung nehmen sie jedoch vorerst nicht ein, diese erste Phase der Methode dient vor allem der beratenden Person zur „Datengewinnung." Idealerweise besteht das reflektierende Team aus zwei beobachtenden Personen.

2. Phase: Metalog
Anschließend an das Gespräch nimmt die Situation allerdings die Wendung, dass das reflektierende Team untereinander aktiv wird und einen „**Metalog**" zu führen beginnt, was so viel wie ein Gespräch über das Gespräch bedeutet.

Dabei nehmen die Mitglieder des reflektierenden Teams keinerlei Kontakt, nicht einmal Blickkontakt, mit dem Interview-Team, also beratende Person und Klient, auf. Die Dauer der Redezeit des reflektierenden Teams beläuft sich dabei in aller Regel auf fünf bis zehn Minuten. In einigen Fällen kann es auch länger dauern. Im Normalfall wird das reflektierende Team jedoch nicht durch das Interview-System unterbrochen. Wird auf diese Weise vorgegangen, können die Mitglieder des Interview-Systems während des Zuhörens die unterschiedlichen Sichtweisen der anderen Mitglieder des Teams auf sich wirken lassen. So können sie mit diesen umgehen und sie für sich selbst interpretieren. Allerdings hat der Klient natürlich die Freiheiten, diese Ideen nicht anzunehmen, zu verwerfen oder gar nicht erst richtig hinzuhören.

3. Phase: Metametalog
Nachdem das reflektierende Team den Austausch beendet hat, sprechen die Mitglieder des Interview-Systems über ihre Gedanken zu den Reflexionen. Sie führen also eine Unterhaltung über die konkrete Konversation des reflektierenden Teams sowie über die Konversation des Interview-Systems.

4. Phase: Auswertung
Am Schluss stellt die beratende Person Fragen:

- Was war wichtig?
- Welche Aspekte hätten im Rahmen des Gesprächs besser nicht erwähnt werden sollen?
- Was hat möglicherweise gefehlt?

Er oder sie bietet dem Klienten auch immer wieder die Möglichkeit, auf verschiedene Dinge zu reagieren:

- Denken Sie an das, was Sie gehört haben. Gibt es etwas, wozu Sie nun etwas sagen möchten?
- Denken Sie an das, was Sie gehört haben. Fällt Ihnen inhaltlich etwas auf, dem Sie gar nicht zustimmen können? Gibt es etwas, worüber besser nicht gesprochen worden wäre?
- Denken Sie an das, was Sie gehört haben. Hat Ihnen innerhalb der Schilderungen etwas gefehlt?

Vor allem die letzte Frage ist sehr bedeutsam, da möglicherweise von dem Klienten selbst neue Zusammenhänge gesehen wurden, welche vom reflektierenden Team übersehen wurden.

5. Phase: Abschluss
Abschließend wird über die Zukunft und damit einhergehend über die Wünsche des Klienten gesprochen.

Das Vorgehen dieser Methode kann auch sehr gut im Rahmen der kontinuierlichen Beobachtung von Lernprozessen eingesetzt werden. Hierbei unterstützen reflektierende Teams das Feedback sowie die Qualität des Lehrens und Lernens deutlich.

Das grundsätzliche Vorgehen der Methode besteht demnach darin, einen Wechsel der Position vorzunehmen. Hierbei wird eine Trennung zwischen der erlebenden, zuhörenden sowie der reflektierenden Position vorgenommen. Dabei nimmt die zuhörende Person ausschließlich am inneren Dialog teil. Hierdurch ergibt sich für sie die Möglichkeit, auf die Reflexionen der anderen Teilnehmer mit Abstand zu blicken.

Dieser Position des Überdenkens wird also Raum gegeben, wodurch sich Möglichkeiten, sich auf neue Ideen einzulassen, für den Klienten erweitern und es leichter fallen soll, Veränderungen zuzulassen. Nicht außer Acht gelassen werden sollte allerdings der Punkt, dass Beobachtungen stark beobachterabhängig, also **subjektiv** sind.

Unterschiedliche beobachtende Personen würden andere Unterscheidungen treffen und verschiedene Erklärungen entwickeln, weshalb Beschreibungen immer auf der Fülle aller möglichen Unterscheidungen und Beobachtungen beruhen sollten. Dementsprechend werden verschiedene Beschreibungen **nicht bewertet**, keine ist besser als eine andere.

Im Kontext des Einsatzes der Methode sollte der Umstand berücksichtigt werden, dass Unterscheidungen, die getätigt werden, nicht als zu ungewöhnlich zu erachten sind, sondern vielmehr den Klienten in seiner aktuellen Persönlichkeit erfassen.

Mit „derzeitig" ist laut *Humberto Maturana und Francisco J. Varela* in diesem Sinne gemeint, dass jeder Mensch zu einem spezifischen Zeitpunkt nur der Mensch sein kann, der er ist. Konkret bedeutet dies, dass Menschen in diesen Situationen nur mit einer bestimmten Reaktionsweise auftreten können. Die Reaktionsweise steht dabei in direkter Abhängigkeit zum vorhandenen Repertoire. Das vorhandene Repertoire kann dabei im Laufe der Zeit verändert werden, nämlich wenn alte Wege zugunsten von neuen Wegen weichen.

Setzt man Menschen demnach dem Gewohnten aus, verändern sie sich meist nicht und bleiben dieselben. Somit erleben sie keine Veränderungen. Werden Menschen jedoch etwas Neuem und Ungewöhnlichem ausgesetzt, ist die Wahrscheinlichkeit groß, dass ebendieses Ungewöhnliche eine Veränderung auslösen kann.

Trifft im Anschluss das Neue auf sie, führt dies nicht selten dazu, dass sich Menschen verschließen und durch ebendiese Tatsache beeinflusst werden.

Der Klient versucht so, seine Integrität zu wahren. Die beratende Person sollte also während des Gesprächs darauf setzen, **angemessen** ungewöhnliche Fragen zu stellen, um so Informationen zu generieren. Dahinter steht die Überlegung, dass Veränderungen am ehesten da entstehen können, wo es einen Freiraum für den Gedankenaustausch zwischen den Beteiligten gibt und die Integrität aller gesichert ist.

Im Rahmen der Anwendung der Methode des reflektierenden Teams gibt es einige Regeln, die zu beachten sind:

- Zunächst ist es wichtig, dass die Teammitglieder sich gegenseitig aufmerksam zuhören.
- Im Gespräch wird auf behutsame, vorsichtige, eher konjunktivische Formulierungen gesetzt, wie „es könnte sein …“ oder „ich bin mir nicht sicher, aber …“.
- Die einzelnen Teammitglieder sprechen eher zu sich selbst als zu den anderen, woraus sich dann jedoch Gespräche entwickeln.
- Es geht nicht um die Findung der einen richtigen und endgültigen Erklärung, sondern vielmehr um die Ermöglichung einer Perspektivenvielfalt, wodurch im Rahmen des Modells des reflektierenden Teams ein Wandel von einer „Entweder-oder-Logik“ zu einer „Sowohl-als-auch-Logik“ entsteht.
- Abweichende Meinungen werden demnach eher als Chance betrachtet, Anregungen für neue Perspektiven zu finden, als infrage gestellt zu werden.
- Grundstein für eine funktionierende Arbeit mit dieser Technik ist, dass die Beziehung der Parteien zueinander „sicher“ genug ist. Hierbei sollte die Grundhaltung von beiden Parteien ehrlich interessiert und keineswegs übergriffig sein.
- Die Methode beruht auf Wertschätzung, alles, was gesagt wird, geschieht aus einer wertschätzenden Grundhaltung heraus. Nichtsdestotrotz dürfen auch provokative Hypothesen aufgestellt werden.

Im Rahmen dieser Methode wird dem Klienten vor allem dadurch ein Mehrwert geboten, dass der erhöhte Aufwand von mehreren Therapeuten zu einer höheren **Vielfalt** der Perspektiven führt, Therapiefehler und Einseitigkeiten vermindert werden können und Effektivität ermöglicht wird.

Abschlussintervention und „Verschreibungen"

Ein wichtiges Element in der systemischen Beratung ist die Abschlussintervention: Am Ende einer Sitzung gibt die beratende Person dem Klienten eine **Aufgabe** mit auf den Weg, die bis zur nächsten Sitzung erbracht werden soll – eine Art Hausaufgabe also, die an den thematischen Inhalt der vorausgegangenen Sitzung anknüpft und dennoch gleichzeitig die bisherigen Muster verstören kann.

Generell kann aber als Abschlussintervention alles gesehen werden, was die beratende Person dem Klienten mit auf den Weg gibt, ob Kommentar, Handlungsvorschlag, „Verschreibung" oder eben eine (Haus)aufgabe.

Die Abschlussintervention lässt sich dabei wie folgt gliedern: Den Beginn machen meist Kommentare, Eindrücke oder Komplimente. Diesen folgen konkrete Handlungsvorschläge und Hausaufgaben.

Im ersten Teil soll dabei rückblickend insbesondere dargestellt werden, was der Klient bereits erreichen konnte. Hier sind auch Aspekte wie seine Ressourcen hervorzuheben und das zu betonen, was er oder sie gut gemacht hat. Dies sollte im konkreten Kontext spezifisch und innerhalb des Wertesystems des Klienten vollzogen werden. An dieser Stelle können dann bereits erste Umdeutungen sowie positive Konnotationen eingeleitet werden.

Im daran anschließenden zweiten Teil geht es um die Handlungsvorschläge. Die systemische Beratung bietet hier jeweils eine Reihe an unterschiedlichen Möglichkeiten. Beispielhaft können hier sowohl Umdeutungen als auch Symptomverschreibungen, Parabeln, Verhaltensverschreibungen oder Rituale genannt werden.

Verhaltensverschreibungen lassen sich noch einmal in drei Formen kategorisieren:
„Mehr desselben tun",
„Etwas unterlassen" und
„Etwas Neues ausprobieren".

Mit der Bezeichnung **„Mehr desselben tun"** wird die Art der Abschlussintervention verstanden. Hier soll der Klient das Verhalten zeigen, das er zu verändern beabsichtigt. Hier wird innerhalb der systemischen Beratung davon ausgegangen, dass jedes Verhalten nicht nur Nach-, sondern auch Vorteile für die entsprechende Person bereithält. Diese Vorteile bieten zusätzlich eine Verbindung zu einer weiteren Methode der Handlungsmöglichkeiten, nämlich der **Umdeutung**, die dann innerhalb der Beratung auf ebendiese Vorteile hinweisen kann.

Auch wenn diese Art von Verhaltensverschreibungen auf den ersten Blick absurd zu wirken scheint, ermöglicht ebendieses Vorgehen dem Klienten die bewusste Veränderung seines eigenen Verhaltens, da er aus einer anderen Perspektive darauf blicken kann. Auf diese Weise kann der Klient im weiteren Verlauf erkennen, dass er in der Lage ist, sein eigenes Verhalten zu steuern und selbiges dadurch auch zu verändern. Für welche Option er sich dabei entscheidet, liegt letztlich beim Klient selbst.

Das genaue Gegenteil findet sich nun in der Form der Verhaltensverschreibung **„Etwas unterlassen"** wieder. Hier besteht die Aufgabe darin, Handlungen, die bisher ursächlich oder mitwirkend auf ein Problem bzw. ein problematisches Muster waren, zu unterlassen. Ziel ist, diese Muster durch das Unterlassen zu unterbrechen, wobei die Folgen nicht außer Acht gelassen werden dürfen: Diese Form kann nämlich große Veränderungen mit sich bringen. Deshalb sollte das auch vor Erteilung der Aufgabe transparent und klar kommuniziert werden, da weder beratende Person noch Klient darauf vorbereitet sein können, was durch diese Änderung des Verhaltens geschehen wird. Der Hintergrund für dieses Vorgehen liegt in der Annahme, dass das problematische Verhalten einem bestimmten Zweck gedient hat.

Die dritte Möglichkeit **„Etwas Neues ausprobieren"** bezieht sich auf die Empfehlung der beratenden Person, wie sich unschwer aus dem Namen ableiten lässt, etwas auszuprobieren, was bisher noch nicht erprobt wurde. Auch hier besteht ein unvorhersehbares Risiko, nämlich das Aufkommen von Ängsten auf Seiten des Klienten.

Empfehlenswert ist hier, Neues mit Vertrautem in Verbindung zu bringen, was auf unterschiedliche Arten und Weisen geschehen kann:

Eine Veränderung kann **angedeutet**, jedoch noch zeitlich verschoben werden, sodass eine konkrete Verhaltensveränderung noch nicht stattfindet, sondern der Klient erst einmal **schonend** darauf vorbereitet wird. Er oder sie kann sich nur ausmalen, wie es wäre, eine Veränderung tatsächlich herbeizuführen.

Des Weiteren ist es möglich, dem Klienten zu raten, bisher gleichzeitig getane Dinge in Zukunft **nacheinander** zu vollbringen. Der Hintergrund: Probleme können aufgrund von Ambivalenzen entstehen.

Eine andere Möglichkeit stellt der Ratschlag dar, zunächst einmal nur mit kleineren Variationen zu arbeiten und diese umzusetzen. Hier kann zu Beginn geraten werden, dass das ursprüngliche und symptomatische Verhalten beibehalten wird und nur kleine Veränderungen in Bezug auf den Ort, die Zeit und den Personenkreis etc. vorgenommen werden.

Die letzte Möglichkeit, die im Rahmen dieses Buchs vorgestellt werden soll, bezieht sich auf ein Vorgehen, bei dem so getan wird, als ob ein Problem **schon gelöst** wurde oder **noch bestünde**. Dieses Vorgehen kann variiert werden, indem so getan wird, als ob ein spezifisches Problem noch vorhanden wäre, auch wenn es das gar nicht mehr ist. Dadurch kann sehr gut veranschaulicht und begriffen werden, dass Verhaltensmuster veränderbar sind.

Hat beispielsweise eine Mitarbeiterin in einem Unternehmen Probleme mit ihrem Vorgesetzten, kann sie entweder so tun, als ob sie dauerhaft in Auseinandersetzung stehen würden **oder** als ob sie keine Probleme mit ihm hätte. Daraufhin wird sie ihr Verhalten und das ihres Vorgesetzten besonders genau beobachten und besser reflektieren können.

Die abschließende Intervention sollte eine Balance zwischen der Herausforderung und der Bestätigung durch das System abbilden. Dabei soll sie zur kontinuierlichen Entwicklung sowie zum Ausprobieren anregen.

Hierbei dient die Hausaufgabe dazu, das Erlernte, Erfahrene und Erlebte zu transferieren sowie zu festigen.

Auch hier gilt als Kriterium, dass eine Abschlussintervention „angemessen ungewöhnlich" sein soll, eine wie schon aus der Methode des reflektierenden Teams bekannte Anforderung. Jedoch gibt es darüber hinaus noch weitere Anforderungen:

Eine Abschlussintervention sollte ...

- ... möglichst nur das umfassen, was thematisch in der vorigen Sitzung behandelt wurde.
- ... so deutlich und anschaulich wie nur möglich gestaltet sein.
- ... mit Blick auf konkrete Handlungsvorschläge eine zeitliche Begrenzung berücksichtigen: Es handelt sich hierbei lediglich um ein „Experiment", das beispielsweise bis zur nächsten Sitzung befristet ist. Alternativ kann vorläufig empfohlen werden, noch keine Veränderungen vorzunehmen, da diese an dieser Stelle der Problembearbeitung verfrüht erscheinen.

Rituale

Bei dem Begriff „Rituale" denkt man häufig an religiöse oder spirituelle Handlungen oder Bräuche aus anderen Kulturen, die auf außenstehende Beobachter zuerst oft befremdlich wirken mögen. Für Mitglieder eines Systems bieten Rituale jedoch ein Gefühl von **Zusammenhalt**, sie schaffen **Stabilität** und **Struktur**. Sie beinhalten festgelegte Ablaufmuster und basieren auf verlässlichen, regelmäßigen Wiederholungen– denken Sie auch ganz einfach gedacht an bestimmte Alltags- und Essensrituale innerhalb Ihres Familien- oder Freundeskreises, Rituale des Feierns oder auch Jahreslaufrituale innerhalb der Jahreszeiten.

Jedoch dienen Rituale nicht in erster Linie der Bewahrung des Alten, sondern eher der Gestaltung des Übergangs zu Neuem. Generell haben sie den Zweck, Kontinuität und Übergänge zu schaffen, wobei sie vier unterschiedliche Funktionen übernehmen:

Sie helfen,

1. Kontinuität und Gemeinsamkeit zu fördern.
2. eine Quelle von Schutz und Kraft darzustellen.
3. soziale und psychische Übergangsprozesse zu strukturieren.
4. Heilung zu bewirken.

In der systemischen Beratung sollen Rituale ebenfalls dabei helfen, empfundene Instabilität zu managen und **stabile Situationsdefinitionen** zu ermöglichen.

Werden innerhalb von therapeutischen Prozessen Rituale eingesetzt, geht es darum, gemeinsam mit dem Klienten ein Ritual vorzubereiten, dieses gemeinsam durchzuführen und die auf diese Weise gesammelten Erkenntnisse nachzubereiten. Dies impliziert eine gemeinsame Reflexion.

Innerhalb der Therapie dienen Rituale dazu, den angestoßenen Heilungsprozess zu unterstützen. Gleichzeitig strukturieren sie soziale sowie psychische Übergangsprozesse. In diesem Rahmen kann sowohl das Entwicklungs- als auch das Veränderungspotenzial von therapeutischen Vorgängen verstärkt werden.

Rituale werden in der Beratung vor allem dafür genutzt, alte Glaubenssätze oder Verhaltensmuster, die ursächlich für Problemstrukturen sind, loszulassen und somit Neuem einen Raum zu geben. Für die Abhaltung eines Rituals ist es empfehlenswert, wenn nicht sogar erforderlich, sich umfassend vorzubereiten, einzustimmen, klar auszurichten und von alltäglichen äußeren Reizen abzuschirmen. Dabei darf nicht vergessen werden, dass jedes Ritual einzigartig ist – ob abgehalten in der Natur oder in einem inneren Raum, ob Dankbarkeits-, Kräftigungs- oder Segnungsritual.

Sie bieten generell einen sicheren Rahmen, um mit geschärften Sinnen und erhöhter Sensibilität mit dem Problem eines Klienten in Kontakt zu treten und wünschenswerte Veränderungen einzuleiten. Rituale haben dazu einen ausgeprägten Einfluss auf das Unterbewusstsein und tragen so zu einer neuen Ordnung im Leben bei.

Beispiele für Rituale während einer systemischen Therapie:

- Durchführung einer Meditation zu Beginn der Sitzung
- kurze, unverbindliche Gesprächseinheit als Einführung in die Sitzung (inhaltlich geht es hier nicht um die Therapie)
- gemeinsame Atemübungen

METAPHERN

Sprechen, Denken und Handeln: Wie Menschen ihre Art von Realität konstruieren, was als Handlungsoption in Frage kommt oder nicht und welche expliziten und impliziten Sprachbilder sie für die Mitteilung ihrer Erfahrungen verwenden, ist auch an ihre physischen Erfahrungen gebunden. Mit Sprachbildern und Metaphern wird der gesuchte Sinn in Worte gefasst, insofern ist Sprache auch immer metaphorisch strukturiert. Metaphern finden im Alltäglichen schon implizit ihren Gebrauch, sogar bereits in einem Ausmaß, dass man zwischen Personengruppen verschiedener Bereiche im Hinblick auf ihre Verwendung von Sprachbildern unterscheiden kann.

Das Aufgreifen von der Arbeit mit Metaphern ist in der systemischen Beratung vor allem einem Ziel gedient: dem **Perspektivenwechsel**. Wird etwas in einer Metapher ausgedrückt, erscheinen Probleme und Lösungen in einem anderen Licht. Dem Klienten wird es leichter fallen, einen anderen Blickwinkel auf die Situation zu erlangen. Es öffnen sich neue Türen und Wege und alles scheint wie verwandelt. Ein Sachverhalt wird anders beschrieben, betrachtet und auch erlebt als vorher.

In diesem Rahmen kann die Erweiterung des Horizonts oder aber der Wechsel des Blickwinkels neurologisch begründet werden. Das liegt vor allem daran, dass das Sprachverständnis in anderen Arealen des menschlichen Hirns zu verorten ist als das räumliche und bildliche Vorstellungsvermögen.

Was brauchen beratende Personen, um mit Metaphern arbeiten zu können?

- ➢ Zunächst einmal ein gewisses Grundverständnis für den Aufbau und die Funktion von Metaphern
- ➢ Methoden zur Arbeit mit Metaphern
- ➢ Einen großen Metaphern-Wortschatz

Verwendung

Zunächst sollte die beratende Person die Verwendung von Metaphern nur dann gezielt aufgreifen, wenn sie sich sicher ist, dass sich eine Verwendung in diesem Beratungskontext eignet – denn nicht jedes Thema ist dafür geeignet, in einen metaphorischen Kontext einbezogen zu werden.

Auch basiert die Entscheidung zur Verwendung immer auf dem gegenübersitzenden Klienten: Bietet es sich an, gleiche, ähnliche oder gegenläufige sprachliche Bilder zu verwenden? Wenn sich eine beratende Person dazu entschließt, sprachliche Bilder zu verwenden, sollte sie über die Vielfalt der Metaphern Bescheid wissen, um aus einer Bandbreite an Möglichkeiten schöpfen zu können.

Außerdem bietet es sich an, dem Klienten eine Bildvorlage zu der Metapher vorzulegen, um das Verständnis noch ein Stück weit zu optimieren.

Auch kann eine beratende Person selbst entscheiden, ob sie die Metapher implizit oder explizit anwendet. Eine implizite Anwendung bedeutet, zufällig auf den bildlichen Sprachgebrauch hinzuweisen.

> Ein mögliches Beispiel wäre: „Ich bin der Meinung, da liegt der Hund bei uns begraben." – „Und wer hat diesen Hund dort begraben? Ist er schon lange tot? Gibt es eine spezifische Inschrift auf dem Grabstein?"

Die beratende Person kann die implizit, „zufällig" vom Gegenüber verwendeten Sprachbilder und Metaphern, wie bereits erwähnt, herausgreifen und diese ausweiten. Auf diese Weise werden diese Sprachbilder auf metaphorischer Ebene genutzt, um über das Thema der Beratung zu sprechen, für die das Sprachbild steht.

Eine explizite Verwendung von Metaphern hingegen wird – wie der Name schon sagt - ausdrücklich angekündigt.

> Ein Beispiel hierfür wäre: „Ich empfehle Ihnen, ebendiese Situation einmal von einer anderen, einer bildlichen Seite aus zu betrachten. Hier würde ich Sie gerne zu einem möglichen Gedankenexperiment einladen:
>
> Stellen Sie sich Ihre Situation als einen Film vor: Wie würde er heißen? Welchem Genre würde er angehören? Wofür würde der Film bekannt werden?"

Hier spricht man auch von der Verwendung **gegenläufiger** Metaphern, die dazu dienen, die Denk- und Sprachmuster des Klienten zu „verstören" und neue Denkweisen aufzuzeigen, die bisher außer Acht gelassen wurden. So können neue Konstruktionen der Wirklichkeit angeregt werden und den Raum der Sichtweisen ausweiten.

Des Weiteren sollten dem Klienten auch neue Metaphern angeboten werden, ohne vorherige Nutzung von sprachlichen Bildern. Dies soll ebenfalls dazu anregen, einen Perspektivwechsel hervorzurufen.

Dieser Perspektivwechsel bezieht sich meist auf den Wandel von einer rational-analytischen Beschreibung des Sachverhalts hin zu einer bildlich-intuitiven Beschreibung:

Rational-analytisch	**Bildlich-intuitiv**
Sprache, Lesen, Rechnen	Bilder- und Körpersprache, Symbole, Melodien, Gerüche, Geschmack, Gefühle
Rationalität und Kalkül	Intuition und Empathie
Analyse und Berechnungen	Synthese und Zufall
Planung	Träumen, Fantasieren
Regelhaftigkeit und Gesetze	Ausprobieren und Experimentieren
Berechnung und Sicherheit	Spiel und Risiko
Detailorientierung	Ganzheitlichkeit und Empfinden

Innerhalb des westlichen Kulturkreises herrscht vor allem eine rational-analytische Betrachtungsweise vor. Hierbei wird eine entsprechend bildlich-intuitive und auch sinnlich-emotionale Ebene aufgerufen, die einen spezifischen Perspektivenwechsel darstellt.

Beispiele für Metaphern:

- jemandem das Herz brechen
- einer Person nicht das Wasser reichen können
- eine Mauer des Schweigens errichten
- die Nadel im Heuhaufen suchen
- den Nagel auf den Kopf treffen
- eine rosarote Brille tragen
- Rabeneltern sein
- was jemand erzählt, ist Schnee von gestern
- eine lange Warteschlange
- etwas mit Füßen treten

Die Verwendung von Metaphern wird häufig wörtlich genommen und auch im folgenden Verlauf der Beratung auf dieser metaphorischen Ebene weitergeführt. Oft folgt dann eine Rückführung, wofür dieses sprachliche Bild in Wirklichkeit steht, und Zusammenhänge werden hergestellt. Es wird offengelegt, welche Ziele und Handlungsstrategien sich daraus ergeben können und wie somit ein weiteres Vorgehen bei der Problemlösung ermöglicht werden kann.

Hinweis!

So hilfreich die Anwendung von Metaphern im Rahmen einer Beratung auch sein mag, sie sollte dennoch recht sparsam eingesetzt werden. Ein zu häufiger Wechsel der Metaphern in Bezug auf denselben Kontext hat sich als eher kontraproduktiv erwiesen, wohingegen eine einmal eingeführte Metapher gut beibehalten und immer wieder aktualisiert werden kann. Wenn ein bestimmter Sachverhalt in der vorletzten Woche eine andere Zuschreibung bekommen hat als in der letzten, wird sich der Klient höchstwahrscheinlich fragen, welche sprachliche Verbildlichung in dieser Sitzung auf ihn zukommt, und die Situation kann somit auch ein Stück an ihrer Ernsthaftigkeit verlieren.

Auch ist es wichtig, wertschätzend und einfühlsam auf die Ebene der Metaphern zu wechseln, um dem Klienten ein Gefühl von Ernsthaftigkeit und Respekt zu überbringen und zu vermeiden, dass dieser sich in der Situation albern vorkommt. Alles in allem ist es also sehr wichtig, als beratende Person ein gutes Gespür für den gezielten Einsatz von bildlicher Sprache zu entwickeln, das am besten zum eigenen Beratungsstil und natürlich zum Klienten passt.

Genogramme

Der Begriff „Genogramm“ stellt eine Zusammensetzung aus den Wörtern „Genealogie“ und „Diagramm“ dar.

Die Genealogie beschäftigt sich zunächst mit der Forschung von Herkunft, Verwandtschaftsverhältnissen, Ursprung und Abstammung (im biologischen oder rechtlichen Sinne) von Personen oder Familien.

Ein Genogramm findet deshalb vor allem in der systemischen Familienberatung Verwendung: Es stellt Familienstrukturen und Beziehungen innerhalb einer Familie bildlich dar. Dabei bezieht es sich sowohl auf die Herkunfts- als auch auf die aktuelle Familie, indem Familienmitglieder mehrerer Generationen dargestellt werden. Somit stellt ein Genogramm einen guten Überblick über die gesamten Familienstrukturen dar, wodurch auch ein erleichtertes Zurückverfolgen oder gar ein erstmaliges Erkennen bestimmter familiärer Muster, welche sich möglicherweise schon über Generationen hinweg ziehen, möglich wird. Des Weiteren wird eine bessere Einordnung von spezifischen Verhaltensweisen, Entscheidungen, Krisen, Tabus, Schicksals oder Krankheiten im familiären Kontext möglich, was somit auch ein besseres Verständnis für mögliche heutige eigene Probleme / Verhaltensmuster der Klienten bietet. Zusammenhänge werden durch die Visualisierung mithilfe eines Genogramms transparent gemacht. Vor allem hat ein Genogramm also die Zielsetzung, Verständnis bei den Klienten über die Herkunft eigener Grundüberzeugungen und Werte hervorzurufen und so einen erleichterten Blick auf die Lösungsfindung zu ermöglichen.

Auch wenn die Aufdeckung bereits verdrängter Muster sowie Prägungen für Ihre Klienten im ersten Moment emotional als sehr belastend empfunden werden kann, wird durch diesen Prozess die Herausarbeitung der innerhalb der Familie etablierten Ressourcen angetrieben. Diese werden in der Folge zu einer positiven Verstärkung umgewandelt.

Besonders sinnvoll soll dabei der Ausbau von emotionalen Kompetenzen sein. Zu den emotionalen Kompetenzen zählen dabei beispielhaft Selbstbewusstsein oder Konfliktfähigkeit.

Besonders erstrebenswert ist in diesem Zusammenhang auch die Reflexion der familiär bedingten Prägungen, der Glaubenssätze sowie der Überzeugungen. Mithilfe dieses Vorgehens werden Tendenzen zur Selbstverurteilung gelöst und somit die Ressourcen zur Änderung eines spezifischen Verhaltens gestärkt.

Wie sieht so ein Genogramm genau aus?

Man kann sich ein Genogramm als eine Art Familienstammbaum vorstellen, wobei verschiedene, etablierte Symbole zum Einsatz kommen:

Kreise werden in diesem Kontext für die Versinnbildlichung von Frauen verwendet. Gleichzeitig werden Vierecke für die Versinnbildlichung von Männern eingesetzt, welche durch vertikale und horizontale Verbindungslinien verbunden und somit in Beziehung gesetzt werden. Auf der linken Seite zweigen die Männer ab, auf der rechten die Frauen, oben finden ältere Generationen ihren Platz, unten die jüngeren. Allerdings werden nicht nur direkte Vorfahren der Klienten dargestellt, sondern auch deren Geschwister oder andere Bezugspersonen wie Ex-Partner, frühe Verstorbene, Vermisste, Fehl- oder Totgeburten.

Die Familie der Lebens- oder Ehepartner spielt hingegen keine Rolle. Das liegt vor allem daran, dass es sich nicht um die eigene Herkunftsfamilie handelt. Hier gibt es jedoch die Ausnahme, dass es eine Person gibt, die für das eigene Leben der Klienten eine große Rolle einnimmt: Diese kann dann ebenfalls notiert werden. Zu der Eintragung der Personen kommt ergänzend noch die schriftliche Abbildung relevanter Familieninformationen, beispielsweise Lebenseckdaten oder Arten von Beziehungen.

Anwendung der Genogrammarbeit in der Beratung

Mit der Methode des Genogramms wird innerhalb eines Beratungsprozesses dann interveniert, wenn es um die Reflexion von familiären Prägungen, Überzeugungen sowie Glaubenssätzen geht. Diese Methode sollte immer dann eingesetzt werden, wenn sie für die Zielerreichung von der Beratungsinstanz als sinnvoll bewertet wird. Vor der Anwendung ist es die Aufgabe der beratenden Person, den Klienten in der vorigen Sitzung die Sinnhaftigkeit einer im familiären Kontext tiefer gehenden Reflexion bewusst zu machen.

Erstellung eines Genogramms

1. Vorbereitung & Recherche

In diesem ersten Schritt werden zunächst notwendige Informationen, welche zur Erstellung eines Genogramms benötigt werden, zusammengetragen. Die Aufgabe der Klienten ist es hierbei, alles zu notieren, was ihnen über ihre Geschwister, Großeltern, Eltern, Tanten und Onkel bereits bekannt ist. Hierzu sollen sie jedoch auch in die aktive Recherche eintauchen. Dies gelingt beispielsweise durch die Befragung aller möglichen Familienmitglieder. Hier sind insbesondere ältere Familienmitglieder wichtig, da diese die meisten Informationen über die Familiengeschichte liefern können. Vor allem bei älteren Familienmitgliedern ist es in diesem Kontext jedoch ratsam, auf einen sensiblen Einstieg zu achten, so kann zum Beispiel das gemeinsame Durchblättern von Fotoalben ein guter Anfang für die Recherche sein. Es ist anzunehmen, dass die konkrete Recherche erst im Verlauf des Beratungsprozesses ihren

Lauf nehmen wird. Darüber hinaus ist davon auszugehen, dass die Klienten zu Beginn nur die ihnen bereits bekannten Informationen für die gemeinsame Arbeit bereitstellen können. Alternativ hierzu kann es daher hilfreich sein, die Recherche auch als eine Hausaufgabe zu einer bestimmten folgenden Sitzung zu beauftragen.

2. Genogramm-Struktur erstellen

Anschließend, oder teilweise auch noch innerhalb des ersten Schrittes, werden nun die einzelnen Familienmitglieder und ihre Beziehungen zueinander visualisiert, mithilfe von den bereits beschriebenen Symbolen, welche sich im Laufe der Zeit etabliert haben. Ausgangspunkt ist die eigene Person sowie die eigene Generation, dann zweigt sich nach oben hin die Generation der Eltern ab, weiter oben stehen die Großeltern und so weiter. Neben den bereits erwähnten Symbolen von Vierecken und Kreisen gibt es noch andere Symbole zur Erklärung:

✕ Ein Kreuz bzw. „X" steht dafür, dass eine Person bereits verstorben ist.
Δ Das Dreieck steht für „Geschlecht unbekannt".

➢ Auch Zwillinge sowie Adoptiv- und Pflegekinder werden durch eigene Symbole gekennzeichnet.

➢ Für Ereignisse wie Abtreibungen, Fehl- oder Totgeburten werden gesonderte Symbole verwendet.

➢ Durch zusätzliche Symbole auf den Verbindungslinien können ebenfalls Zustände verbildlicht werden, zum Beispiel Scheidungen, abgebrochene Beziehungen oder Konflikte.

3. Ergänzungen

Nachdem alle persönlichen Daten notiert wurden, geht es darum, besondere Ereignisse zu ergänzen. Dazu zählen die Informationen, die noch über die Familienmitglieder bekannt sind, zum Beispiel:

- Beruf
- Nationalität
- Auffallende Charaktereigenschaften
- Besondere Begabungen und Talente (Künstler / Sportler / Musiker...)
- Andere Besonderheiten (auch negative, beispielsweise Alkoholismus oder Krankheiten, aber auch positive, beispielsweise ein erfolgreicher Unternehmer oder eine berühmte Sängerin)
- Andere Erzählungen über die Familienmitglieder, welche nicht in die obigen Kategorien passen (z. B. untreu oder pleite)

Auffallen wird, dass es zu einigen Mitgliedern sehr viel zu ergänzen gibt, wohingegen andere, dem Anschein nach, kaum wahrgenommen wurden.

4. Auswertung

Auch wenn sich während des Erstellens vermutlich schon einige Rückschlüsse aus Besonderheiten und Auffälligkeiten ziehen lassen konnten, beginnt nun in diesem Schritt die eigentliche Genogrammarbeit in der Beratung: In welchem Feld lassen sich durch die Auswertung Zusammenhänge zwischen familiären Strukturen, aktuellen Problemmustern und Lebenskrisen aufdecken? Welche Erkenntnisse lassen sich gewinnen? Es sollte dabei auf eine lösungsorientierte Betrachtung gesetzt werden, es gilt, zu vermeiden, voreilige Interpretationen vorzunehmen. Sinnvoll ist auch, die Klienten an die Hand zu nehmen und mit Fragen vorzugehen:

- Was haben aktuelle Probleme mit Ihrer Familie zu tun?
- Was haben aktuelle Krisen mit Ihrer Familie zu tun?
- Was haben aktuelle Krankheiten möglicherweise mit Ihrer Familie zu tun?
- An welcher Stelle im Familiensystem lassen sich spezifische Ressourcen sowie unterstützende Beziehungen oder hilfreiche Talente aufdecken, die für die Bearbeitung genutzt werden können?
- Was macht Sie besonders nachdenklich? Traurig? Wütend?
- Welche Muster werden erkennbar?
- Gibt es erkennbare Lösungsansätze innerhalb Ihrer Familiengeschichte? Wenn ja, wie sehen diese aus?
- Wie wurden Krisen in der Vergangenheit gemeistert?
- Wie wurden Probleme in der Vergangenheit gemeistert?
- Wie wurde in der Vergangenheit mit Schicksalsschlägen umgegangen?

Skulpturarbeit

Die Methode der Skulpturarbeit geht auf die US-amerikanische Psycho- und Familientherapeutin *Virginia Satir* zurück, vor allem bedeutsam ist die von ihr entwickelte Methode der Familienskulptur.

Wichtig für das Verständnis der nach ihr entwickelten Methode ist das hinter der Methode stehende Menschenbild: Hier geht Virgina Satir davon aus, dass der Mensch sich im Verlauf seines Lebens kontinuierlich verändert. Innerhalb dieser Veränderung entwickelt er sich weiter. Darüber hinaus arbeitet Virgina Satir mit dem Verständnis, dass Menschen nicht einzeln, sondern ausschließlich im Rahmen von Systemen existieren können. Nach Satir ist vor allem die Betrachtung der inneren Familie, sie nennt es die Triade aus Vater, Mutter und Kind, ein zentrales Merkmal, mit dem eine Veränderung innerhalb eines Systems angestoßen werden kann, die sich im Nachgang auf alle Mitglieder dieses Systems auswirkt.

Die Verwendung der Methode der Skulpturarbeit ermöglicht dem System, neuen Zugang zu ihm herzustellen und Problemmuster aus einem anderen Blickwinkel heraus zu betrachten und im Nachgang auf diese Weise möglicherweise neu zu bewerten.

Wie funktioniert die Skulpturarbeit?

Diese Frage möchte ich Ihnen anhand des Beispiels der Familienskulptur beantworten:

Im Rahmen einer Sitzung wird die Familie innerhalb des Raumes hinsichtlich ihrer Mitglieder angeordnet. Bei diesem Vorgehen wird darauf geachtet, dass das Bild, das auf diese Weise entstanden ist, die Beziehung der Familie aus der Sicht des Betroffenen wiedergibt. Hierbei orientiert sich die Methode an dem Vorgehen eines Bildhauers, der im Rahmen seiner Arbeit eine Skulptur anfertigt. Auf diese Weise gelingt es, Beziehungen in ihren Haltungen und Positionen darzustellen. Die anderen Familienmitglieder haben anschließend die Möglichkeit, aus ihrer persönlichen Sichtweise heraus die Skulptur zu verändern. Mit diesem Vorgehen kann jeder Teilnehmer seine eigene Wirklichkeit entdecken. Auf der Basis dieser Entdeckung entstehen daraus eine Vielzahl von Perspektiven, die durch die unterschiedlichen Sichtweisen entstehen können. Die Mitglieder können das Problem in der Familie durch die Wahrnehmung des Problems am eigenen Körper erfahren. Dies sorgt dafür, dass das Problem greifbarer wird. Die Repräsentation dieser Beziehungsgeflechte sorgt dabei dafür, dass selbige ohne den Rückgriff auf die Sprache dargestellt werden können. Dies führt dazu, dass die Methode in Unabhängigkeit von der Schichtzugehörigkeit, dem Alter sowie der jeweiligen Problematik angewendet werden kann.

Durch das Aufbauen der unterschiedlichen Skulpturen kommen die unterschiedlichen Familienmitglieder im Anschluss an dieses Vorgehen ins Gespräch miteinander. Dabei lassen sich Regeln nur dann in Frage stellen, wenn spezifische Verhaltensweisen neu überdacht und Meinungen angepasst werden.

Auf diese Weise können leichter neue Lösungswege entwickelt werden. Diese können nicht nur für sich allein, sondern auch auf der Basis der Anpassung von alten und bestehenden Mustern an neue und veränderte Sichtweisen und Blickwinkel entwickelt werden. Hierdurch wird ein Bezug zu einer Umdeutung hergestellt.

Innerhalb der Methode gibt es einige Grundelemente, darüber hinaus kann die Skulpturarbeit aber variieren.

Die Grundelemente der Skulpturarbeit

- Der räumliche Abstand steht als Symbol für emotionale Nähe.
- Die Orientierung zwischen oben und unten kann als Symbol für hierarchische Strukturierung gewertet werden: Wer setzt sich am stärksten durch? Wer nimmt eine gebeugte Haltung ein? Wer positioniert sich auf einem Stuhl?
- Mimik und Gestik sind hierbei als Ausdruck von differenzierten Familienstrukturen zu verstehen: Wer sieht wen an? Wer steht gebeugt da?

Variationen bezüglich der Familienskulptur

- Auch die beratende Person kann, neben der Konstruktion einer Skulptur durch ein Systemmitglied, selbst eingreifen und durch ihre Perspektive aufzeigen, wie sie das Bild momentan sieht. Hier spricht man auch von einer „Outside-in"-Skulptur.
- Durch das Einsetzen von Symbolen können fehlende Personen dargestellt werden. Auf diese Weise können auch Probleme in das Bild mit eingeführt werden (z. B. „die Flasche" in der Familie eines Alkoholikers).
- Es können Folgen von Skulpturen (vor, nach einem Ereignis) gespielt werden.
- In einer Einzelberatung können Skulpturen auf der Basis von Hilfsmitteln, wie zum Beispiel Stühlen oder Figuren, gebaut werden.
- Die Klienten können auch dazu eingeladen werden, eine sogenannte Wunschskulptur zu erschaffen, wodurch Suchprozesse nach Lösungsmustern in ihnen animiert werden.

Die Rolle der beratenden Instanz während der Skulpturarbeit

Damit die Skulpturarbeit eingesetzt werden kann, sollte die beratende Person auf einige Voraussetzungen achten. Hierzu zählt in erster Linie, dass die systemischen Grundannahmen sowie das entsprechende Wertesystem, das Virgina Satir innerhalb ihrer Arbeit herausgearbeitet hat, in jedem Fall gekannt sowie berücksichtigt werden sollten.

Hierbei spielt die Haltung der beratenden Instanz eine entscheidende Rolle. Sie ist deshalb wichtig, da es für die Arbeit mit Skulpturen keinen genauen Ablaufplan gibt. Die Methode ist daher relativ frei in ihrem Vorgehen.

Durch das Fehlen dieses Verlaufsplans erfordert die Arbeit mit dieser Methode von der beratenden Person flexibles Handeln. Das System befindet sich in einem konstanten Wandel durch die verschiedenen Konstruktionen unterschiedlicher Sichtweisen, wodurch immer neue Situationen entstehen, auf welche eingegangen werden muss. Ein festgelegter Verlaufsplan bei der Skulpturarbeit würde die Gefahr mit sich bringen, dass gewisse Realitäten und Prozesse des Systems nicht erkannt und somit nicht in die Beratung einfließen würden.

Die Aufgabe der beratenden Person besteht während der Skulpturarbeit darin, nicht aktiv einzugreifen oder bestimmte Prozesse durch die Beeinflussung herbeizuführen. Vielmehr geht es darum, dass sich die beratende Person zurücknimmt und ihre Klienten ausschließlich dabei unterstützt.

Hierbei ist es wichtig, dass Klienten von Beratenden nicht in eine bestimmte Richtung gedrängt werden. Vielmehr geht es darum, dass die beratenden Personen ihren Fokus darauf richten, dass das individuelle Wachstum des Einzelnen in das jeweilige bestehende System integriert wird.

Systemische Beratung im Kontext Familie und Beziehungen

In der systemischen Beratung kann zwischen verschiedenen Beratungsformen unterschieden werden: So existieren neben der Einzelberatung auch Formen der Gemeinschaftsberatung, abhängig von den Beziehungen innerhalb eines Systems. Die bekannteste Form stellt dabei die Familienberatung dar. Systemische Familienberatung bedeutet, Menschen im Kontext ihrer sozialen Beziehungen zu verstehen.

Systemische Beratungen, insbesondere Familienberatungen, können auch ergänzend zu einer Einzelberatung angewandt werden. Hier ist sie immer dann sinnvoll, wenn es primär um die Probleme einer Einzelperson geht.

Im Rahmen der Beratung von Familien, Beziehungen oder Ersatzfamilien, die sowohl eine existenzielle als auch alltägliche Bedeutung aufweisen, nennt man diese Systeme „Mikrosysteme“. Ebendiese Systeme werden dabei in ihrer Vollständigkeit, also alle vom Problem betroffenen, dem Problem nahestehenden sowie an der Lösung interessierten Menschen, beraten. Die Beratung dieser Systeme wird häufig auch als psychosoziale Beratung beschrieben. Die Lösung ebendieser psychosozialen Probleme ist dabei ein primärer Gegenstand der Beratung von Familien beziehungsweise von systemischen Beratungen.

Aus diesem Grund steht sie in enger Verknüpfung mit der Entwicklung und Geschichte der Familientherapie. Aus dieser nutzt sie die Grundlagen und Erfahrungen der systemischen Diagnostik sowie die Grundlagen der Intervention und Prozessgestaltung aus den Bereichen der systemischen Familientherapie. Dennoch grenzt sie sich von der Familientherapie ab, hier insbesondere im Hinblick auf die Bestimmung des Gegenstandes. Gleichzeitig nutzt sie die Elemente und Bausteine des systemischen Diagnostizierens. Darüber hinaus bedient sie sich am Repertoire der systemischen Intervention, der komplexen Ziel- sowie Auftragsklärung und den Ressourcen des Kontextes und an Ähnlichem.

Die systemische Beratung baut sich dabei auf der Grundlage der Systemtheorie auf. Hierbei wird sie durch die systemische Familientherapie und deren Bestandteile aus der Beratungswissenschaft ergänzt. Auf der Basis dieser Bestandteile erläutert und erklärt sie das Verhalten von Menschen somit nicht isoliert. Vielmehr erklärt sie das menschliche Verhalten auf der Grundlage der Eigenschaften desselbigen.

Das bedeutet, sie erklärt das Verhalten und Handeln auf der Basis der Beziehungen und Interaktionen, die innerhalb einer spezifischen Systemumwelt stattfinden. Innerhalb des Beratungsprozesses wird dabei darauf geachtet, wie Personen übereinander denken sowie wie diese kommunizieren. Hierzu gehören auch Faktoren, wie das, was sie als falsch oder richtig erachten, sowie welche Bedeutung einer bestimmten Handlung zugeschrieben wird und welchen inneren und äußeren Einflüssen sie in diesem Kontext unterliegen. In diesem Kontext zielt die systemische Beratung beziehungsweise Familienberatung darauf ab, Wahrnehmungs- und Handlungsmöglichkeiten zu erweitern. In der Folge soll dies zu veränderten Sicht- und Verhaltensweisen führen, zu denen die Klienten im Rahmen der Beratung angeregt werden.

Familienprobleme vs. familiäre Ressourcen

Auf der Basis von familiären Systemen kann es dabei ab und an zu Problemen kommen. Diese Probleme erschweren die gemeinsame Zeit als Familie und stellen das System, in dem diese Mitglieder agieren, dabei auf eine harte Probe.

Hilfreich, eine Familienberatung aufzusuchen, wird es dann, wenn diese Probleme nicht mehr als vorübergehend erscheinen und sich die Familienmitglieder so fühlen, als würden sie in der Situation feststecken. Dabei steht vielen Menschen leider der eigene Stolz im Weg. So kommt es, dass sie sich davor scheuen, den Schritt in eine Beratung zu gehen.

Allerdings sollte dieser nicht als ein Scheitern, eine Schwäche angesehen werden, sondern durch das Realisieren, dass Hilfe von außen benötigt wird, viel eher als eine Stärke. Ein weiterer Tipp ist außerdem, den Schritt nicht allzu lang hinauszuzögern, da die Probleme mit dem Fortschreiten der Zeit meist nur noch gravierender werden. Häufigste Ursache für eine Beratung stellt die Gesundheit eines Familienmitglieds dar, mitsamt den Auswirkungen auf die anderen Mitglieder.

Die häufigsten Gründe für das Aufsuchen einer Beratung sind somit Suchtprobleme. Begründet liegt dies in Faktoren wie Alkohol- und Drogenkonsum sowie psychischen Erkrankungen, wie zum Beispiel Depressionen oder Schizophrenie. Weitere Ursachen ergeben sich zum Beispiel auch aus Vernachlässigung, häuslicher Gewalt oder Missbrauch sowie aus der Überforderung im Rahmen der Mutterrolle oder auch einer Trennung, also Situationen, die die Strukturen innerhalb einer bestehenden Familie durcheinanderbringen können.

Dies zeigt, dass ein Einzelproblem schnell Auswirkungen auf andere Systemmitglieder nehmen kann, weshalb die Entwicklung in eine noch negativere Richtung oftmals nur unter Einbezug der Familienmitglieder gestoppt werden kann.

Ablauf einer Familienberatung

Am Anfang der Familienberatung wird ein Ziel formuliert, was die Familie sich vor Augen halten soll. Alle Familienmitglieder sollen sich zunächst darauf einlassen, gemeinsam eine Lösung zu finden. Gerade zu Beginn kann uns dies aufgrund vorgefertigter Strukturen vor große Herausforderungen stellen. Der erste Ansatz innerhalb der Beratung zielt daher darauf ab, für alle Beteiligten eine gemeinsame Gesprächsebene zu schaffen. Die Familienmitglieder können hierbei aktiv unterstützt werden, indem sie lernen, wie ihre Beziehungen untereinander aussehen. Für diese Erkenntnisse werden sowohl verschiedene Fragetechniken, wie beispielsweise zirkuläres Fragen oder die Wunderfrage, als auch Methoden wie Skulpturarbeit oder die Veränderung innerer Landkarten angewendet.

Zirkuläres Fragen ist hierbei eine sehr geeignete Methode, um einem Familienmitglied Einsicht in die Gedanken- und Gefühlswelt eines anderen zu gewähren. Aufgrund dessen, dass die anderen Familienmitglieder die Antworten und Vermutungen der befragten Person mitbekommen, können sie auch dazu Stellung nehmen und der Antwort zustimmen oder sie korrigieren. So kann eine neue, transparente Kommunikation entstehen, die möglicherweise veraltete und starre Muster der Kommunikation hinter sich lassen kann und wieder einen ehrlichen und offenen Dialog ermöglicht.

Wichtig ist, dass die Familienmitglieder eigenständig motiviert und darauf gepolt sind, wirklich etwas zu verändern und somit auch Einsicht für andere Perspektiven zuzulassen. In dem Zusammenhang sollten sie fest dazu entschlossen sein, produktiv in der Beratung mitzuarbeiten und sich auch wirklich mit möglichen Hausaufgaben zu befassen.

Neigt sich die Sitzung dem Ende zu, kommt es zu einer abschließenden Zusammenfassung der gesammelten Ergebnisse. Dies schließt nicht selten eine Abschlussintervention ein, bei der eine Hausaufgabe erteilt wird, die aufzeigen soll, ob das angepasste Verhalten in den kommenden Wochen im Alltag integriert und umgesetzt werden konnte.

Hierbei wird das zentrale Ziel verfolgt, den anderen Familienmitgliedern mit einer wertschätzenden Haltung gegenüberzutreten und die unterschiedlichen Sichtweisen der anderen anzuerkennen. Hierzu zählt auch, sich in die jeweils anderen Personen hineinzuversetzen. Auf diese Weise soll ein gegenseitiges Verständnis füreinander generiert werden, das ein harmonisches Miteinander erwirkt.

Fallbeispiel:
Max ist 17, ein offener und lebensbejahender Junge, relativ gut in der Schule und sportbegeistert. Seine Eltern sind sehr glücklich, dass sich ihr Sohn so positiv entwickelt.

Doch dann beginnt Max auf einmal, sich immer mehr zurückzuziehen, trifft seine Freunde weniger und auch zum Sport geht er nur noch sporadisch. Seine Eltern bekommen dies zunächst gar nicht so aktiv mit, bis eine Lehrerin anruft, um ihnen mitzuteilen, dass auch seine Leistung in der Schule absinkt. Sie fragt, ob etwas mit Max nicht stimme. Bei einem Besuch seines Hausarztes äußert dieser den Verdacht, dass Max möglicherweise an einer beginnenden Depression zu leiden scheint.

Seine Eltern können dies nicht verstehen, fragen sich, warum denn Max' Noten so in den Keller sinken, obwohl er doch sowieso nur in seinem Zimmer hockt. Auf Empfehlung des Arztes beginnen sie eine systemische Familienberatung.

Als ausschlaggebender Punkt in der Beratung entpuppt sich schließlich die Wunderfrage an Max: „Stell dir vor, dass du heute Abend schlafen gehst und wenn du morgen aufwachst, dein Problem wie durch ein Wunder verschwunden ist. Woran bemerkst du dies als Erstes? Was würdest du als Erstes tun?"

Max überlegt einen Augenblick und beantwortet die Frage schließlich wie folgt: „Ich würde dies wahrscheinlich als Erstes an meiner Energie und zurückgekehrten Lebensfreude bemerken. Dann würde ich meine besten Freunde anrufen und sie fragen, ob sie sich jetzt mit mir auf dem Fußballplatz treffen wollen, um endlich mal wieder eine Runde zu spielen."

Dadurch bemerken seine Eltern, dass die Situation Max viel mehr zusetzt, als sie sich bisher vorstellen konnten. Dann wird in einem gemeinsamen Dialog kommuniziert, welche Art von Unterstützung sich Max von seinen Eltern wünschen würde, und am Ende kommt noch eine Abschlussintervention zum Einsatz, welche bis zur nächsten Sitzung vollbracht werden soll.

Was muss beachtet werden?
Die Familienberatung kommt an der Stelle an ihre Grenzen, wenn sie das Leiden eines oder mehrerer Familienmitglieder verschlimmert. So sollte zum Beispiel vermieden werden, bei einem Fall von Vergewaltigung innerhalb der Familie den Verursacher eines Problems bzw. Traumas zur Sitzung einzuladen. Die Sinnhaftigkeit einer Beratung sollte auch dann hinterfragt werden, wenn ein Mitglied deutlich dominiert und andere gar nicht zu Wort kommen lässt.

Die Zusammensetzung der Teilnehmer kann dabei über mehrere Stunden hinweg schwanken. Dies ist davon abhängig, was eine beratende Person und was Familienmitglieder als geeignete Konstellation für eine förderliche Lösung des Problems halten.

Nach der Beratung gilt es, zu beachten, dass im Rahmen eines Abschlussgespräches zwischen der beratenden Person und der Familie besprochen wird, wie mit dem Problem weiterhin am besten umgegangen werden kann oder was getan werden muss, damit das Problem nicht wieder auftritt. An dieser Stelle eignet es sich, gewisse Warnsignale zu definieren, sollte man das Aufkommen des Problems wahrnehmen, um so einen drohenden Rückfall weitestgehend zu vermeiden. Des Weiteren legen systemisch beratende Personen den Schwerpunkt meistens auf die Aktivierung und Stärkung der vorhandenen Ressourcen der Familie. Sie orientieren sich somit nicht nur an den Fähigkeiten, sondern auch an den Stärken und Kompetenzen, über die eine Familie für die selbstständige Lösung eines familiären Problems verfügt.

Somit arbeitet der Ansatz ressourcenorientiert. Die beratende Personen geben Hinweise und Anregungen, außerdem versuchen sie, gemeinsam mit der Familie Lösungswege und Handlungsmöglichkeiten zu erarbeiten.

Die wesentliche Grundhaltung einer beratenden Person stellt somit die Ressourcenorientierung dar. Diese ermöglicht es der jeweiligen Familie, die eigenen Fähigkeiten für die Problemlösung zu erkennen, sodass diese auf diese Weise erweitert werden können.

Sie stellt die Kompetenzen der Familie in den Vordergrund, damit sie vorhandene Ressourcen in Krisensituationen wieder für sich aktivieren kann.

Wer hat welchen Platz?

Wichtig innerhalb einer systemischen Familienberatung ist außerdem, einen Überblick über die Familienverhältnisse und Konstellationen zu erlangen. Dies kann unter anderem durch ein Soziogramm geschehen: Dabei werden die Beziehungen zwischen den einzelnen Familienmitgliedern oder auch mit Personen außerhalb der Familie, welche dennoch von Bedeutung sind, wie auf einer Landkarte festgehalten. Es können auch zum Beispiel gute und schwierigere, sehr enge oder distanzierte Beziehungen mit Symbolen abgebildet werden. Werden dann noch Verbindungslinien verschiedener Generationen integriert, ist die Rede von einem Genogramm, welches ich Ihnen bereits nähergebracht habe.

Hierbei ist besonders interessant, dass so zum Beispiel geschaut werden kann, wie schon die vorigen Generationen mit bestimmten Problemen oder Themen umgegangen sind – beispielsweise mit belastenden Situationen oder Krankheiten. Beziehen wir das nun wieder auf das vorige Beispiel von Max und seinen Eltern, können diese Methoden vor allem aufschlussreich für die Eltern sein, sollte sich herausstellen, dass es schon frühere Fälle von Depressionen in der Familie gab und hier nichts gänzlich Neues auf sie zukommt. Idealerweise läuft die Arbeit mit diesen Methoden auf ein steigendes Verständnis für ihren Sohn hinaus und bringt einen Perspektivwechsel mit sich.

Um gemeinsam aktiv Lösungen für ein Problem herauszuarbeiten, bietet sich die Methode der Familienskulptur an. Durch die Fokussierung auf die innerhalb einer Skulptur ablaufenden Prozesse können einfache Lösungen und Anregungen für therapeutische Interventionen entstehen. So können die Klienten gemeinsam mit dem Therapeuten alternative Muster erkunden.

Generationenkonflikte

Dass verschiedene Generationen mit unterschiedlichen Sichtweisen auf bestimmte Themen blicken, ist kein neues Phänomen. Dabei ist es nichts Außergewöhnliches, wenn Konflikte zwischen verschiedenen Familienmitgliedern unterschiedlicher Generationen auftreten, da ihre Sichtweisen zu bestimmten Themengebieten zu weit auseinanderliegen.

Innerhalb der systemischen Familienberatung sollen die verschiedenen Ansprüche, Erwartungen, Wünsche und Ziele transparent gemacht werden und anhand systemischer Fragen geklärt werden. Auch kommen andere systemische Methoden zur Konfliktlösung zum Einsatz, im Folgenden möchte ich Ihnen die Familienkonferenz, die Wunschliste und die Symptomverschreibung vorstellen.

1. Die Familienkonferenz

Die Methode der Familienkonferenz lässt sich gut am Beispiel des vom US-amerikanischen Psychologen Thomas Gordon entwickelten Modell erklären: Die sogenannte Familienkonferenz, die auf Gordon zurückgeht, wird auch als Gordon-Modell bezeichnet. Sie definiert sich als ein Kommunikationsmodell, das angewandt wird, um Konflikte, die innerhalb einer Familie bestehen, demokratisch zu lösen. Gordon veröffentlichte dieses Modell in seinem 1970 erschienenen Buch „Familienkonferenz".

Zentraler Punkt ist die Konfliktlösung in dem Sinne, dass es keine Verlierer gibt. Sie verläuft nun so ab, dass zuallererst ein Konflikt identifiziert und definiert werden muss.

Dabei muss darauf geachtet werden, dass die Familienmitglieder die wertschätzende und respektvolle Grundhaltung einhalten und ein Problem in einer nicht beschuldigenden Weise ansprechen. Sie sollten lieber auf eine Ich-Botschaft setzen, zum Beispiel bei einem Konflikt zwischen Kind und Eltern: „Jedes Mal, wenn du mit deinen verschmutzten Schuhen in die Wohnung kommst, führt das dazu, dass ich mich ärgere. Am meisten ärgere ich mich dabei darüber, dass ich so oft putzen muss" anstatt „Es ist immer das Gleiche: Du kommst mit dreckigen Straßenschuhen in die Wohnung!"
Danach erfolgt eine Sammlung von Standpunkten und Sichtweisen zu dem definierten Problem, wobei auch jeder seine Lösungsvorschläge äußern darf. Wichtig ist, dass wirklich jedes Mitglied einbezogen wird und jedem aufmerksam zugehört wird. Anschließend werden alle Familienmitglieder von der

beratenden Person gefragt, was sie von den verschiedenen Lösungsvorschlägen und Standpunkten halten, welche Möglichkeiten annehmbar erscheinen oder welche eher kritisch betrachtet werden. Auch hier ist wichtig, dass alle eingebrachten Argumente ernst genommen werden. Häufig bleiben am Ende nur wenige (ein bis zwei) Lösungsvorschläge übrig. Dann kommt es dazu, dass die beratende Person alle Familienmitglieder fragt, ob sie mit der Lösung einverstanden sind. Es muss sich auch nicht direkt um eine unveränderbar festgelegte Entscheidung handeln, vielmehr soll in der kommenden Zeit darauf geachtet werden, ob die Lösung sich als konstruktiv herausstellt oder vielleicht eine andere Option die bessere wäre.

Sollte es dazu kommen, dass die Familienkonferenz zu keiner Lösung gekommen ist, sollte auch dies so angenommen werden, dass es vorerst nicht möglich ist, eine passende Lösung zu finden. Was nicht heißen soll, dass dies auch in Zukunft nicht möglich ist.

Nach der Lösungsfindung geht es dann darum, gemeinsam zu überlegen, wie die Lösung umgesetzt werden kann. Welches Mitglied muss auf was achten? Werden andere Dinge benötigt, um die Lösung umzusetzen und das Problem zu bewältigen? In der Zeit nach der Sitzung geht es dann an die eigentliche Umsetzung. In einer nächsten Sitzung wird dann reflektiert: Ist die Lösung praktikabel und umsetzbar? Sollte dies nicht der Fall gewesen sein, wird nach einer neuen Lösung gesucht.

2. Symptomverschreibung

Im Rahmen einer Symptomverschreibung, also der häufigsten Form der paradoxen Interventionsmethoden, wird das als problematische erachtete Verhalten innerhalb einer Beratung noch gefördert. So wird die Symptomverschreibung vor allem in der systemischen Beratung als Methode eingesetzt, um die bestehenden Muster der Kommunikation zu verändern. Dabei geht die Symptomverschreibung von der grundlegenden Annahme aus, dass ein bestimmtes Verhalten im Rahmen einer sozialen Interaktion immer auch eine bestimmte Funktion erfüllt.

Ein Beispiel: Eine Frau kommt mit ihrem Mann und ihren zwei Kindern zu einer Familientherapie, in welcher sie dann frustriert das Problem äußert, dass ihr Mann und die beiden Kinder nicht genügend im Haushalt mithelfen. Dass sie frustriert ist, ist in diesem Fall ganz normal: Konventionelle Reaktionen auf dysfunktionale Symptome sind unter anderem Frustration, Ärger, Meckern, Vorwürfe und unzufriedenes Hinnehmen der Situation. Durch dieses Verhalten wird jedoch schnell eine Immunität gegen Ratschläge von außen entwickelt, wobei dann die systemische Beratung mit der Symptomverschreibung zum Einsatz kommen kann, um eine Veränderung herbeizuführen.

Mit dem Auftrag der Symptomverschreibung soll die Frau nicht nur bis zur nächsten anstehenden Beratung jede Handlung im Haushalt unterlassen.

Vielmehr geht es darum, zu erkennen, wodurch das ursprüngliche Problem aufgelöst wird:

Nämlich der Gedanke, dass es permanent im Haushalt etwas zu tun gäbe. Dadurch lässt sich auch sehen, wer dann tatsächlich anpackt, wenn es wirklich etwas zu tun gibt, wenn auch erst nach der Bemerkung, dass es nicht mehr durch die Frau / Mutter geschieht. Auf dieser Entdeckung beruht dann der Inhalt der anschließenden Sitzung – und auf der Suche nach Lösungen. Durch die Symptomverschreibung wird das bisherige Familienmuster aus dem Gleichgewicht gebracht und neue Organisationsprozesse werden angeregt.

Die Symptomverschreibung ist insofern von Bedeutung, als Symptome als Möglichkeiten und nicht aber als Defekte gesehen werden. Die Aufmerksamkeit wird somit eher auf die Fähigkeiten und Potentiale gerichtet, dass Symptome darin eine Besonderheit aufweisen, Muster verändern zu können, und nicht etwa auf den Krankheitswert der Symptome bzw. Störungen. Eine Störung oder ein Symptom ist nämlich häufig Ursache von festgefahrenen, starren Denk-, Emotions- und Verhaltensmustern, welche im Rahmen einer Familienberatung durchbrochen werden sollen.

Innerhalb der Symptomverschreibung lassen sich noch einmal verschiedene Anwendungsformen unterscheiden: Die beraterische Intention kann entweder darauf basieren, eine unmittelbare Reduktion des Symptoms herbeizuführen, oder auf der Provokation von Prozessen, welche auf eine spätere Reduktion hinauslaufen.

Eine konkrete Verordnung einer Symptomverschreibung verläuft ganz allgemein nach der folgenden Anleitung:

1. Das dysfunktionale Verhalten erkennen
Mann und Kinder helfen nicht im Haushalt mit

2. Das dysfunktionale Verhalten durch explizite Verordnung steigern
Selbst keine Tätigkeiten im Haushalt mehr zu unternehmen

3. Im Integrationsprozess behilflich sein
Die Rückkehr zum funktionalen Verhalten unterstützen, gemeinsam mit der Familie nach Lösungen suchen, wie alle gemeinsam im Haushalt anpacken können, beispielsweise durch Entwurf eines Tätigkeitsplans o. Ä.

Es sollte jedoch, wie bei fast allen Methoden, darauf achtgegeben werden, dass diese Methode im Kontext der Situation angebracht ist. Kommt beispielsweise eine Familie zu einer Beratung aus dem Grund, dass der Drogenkonsum eines Kindes überhandnimmt und Auswirkungen auf die ganze Familie nimmt, sollte das dysfunktionale Verhalten durch andere Symptome übertrieben werden als durch die Verstärkung des eigentlich dysfunktionalen Verhaltens, dem Drogenkonsum.

Lösungsprozesse finden: Systemische Beratung in Unternehmen und Job

Auch in Bezug auf organisationsinterne Prozesse in Unternehmen und generell in Berufsfeldern spielt die systemische Beratung eine bedeutende Rolle. Wichtig ist dabei vor allem für alle beteiligten Instanzen die Einsicht, dass eine beratende Person sich nicht als Experte in der Situation sieht und den verschiedenen Bereichen eines Unternehmens beispielsweise konkrete Lösungskonzepte bietet, sondern diese gemeinsam mit den Klienten erforscht und sie vielmehr auf dem Weg zu einer Lösung beratend begleitet. Eine beratende Person sieht dabei die Klienten als Experten zur Findung der Problemlösung. Außerdem wird keine Delegation der Problemlösung der Klienten an die beratende Person zugelassen, diese interessiert sich vielmehr für die einzelnen Instanzen in einem Unternehmen und die einzelnen Menschen und versucht primär, eine eigenständige Motivation zur Lösung herbeizuführen, also ganz nach dem Motto „Hilfe zur Selbsthilfe". Für Berater spielt dabei wieder die wertschätzende Grundhaltung eine wichtige Rolle. Er muss genauso ein grundlegendes Vertrauen in die Klienten haben, dass sie die Fähigkeiten zur Problemlösung aufweisen, wie umgekehrt. Dadurch sollen Klienten in einem Unternehmen eigenständig motiviert werden, etwas an der Situation zu verändern und sich im besten Falle gegenseitig dazu zu motivieren.

Systeme weisen die wesentliche Eigenschaft auf, ein gewisses Maß an Komplexität aufzuweisen, die sich aufgrund der steigenden Anzahl von einzelnen Mitgliedern des Systems sowie des in sich als komplex erachteten Verhaltens der Mitglieder dieses Systems ergibt. Die im Kontext dieser Systeme vorhandene Komplexität führt nicht selten zu nicht linearem Verhalten. Das Verhalten ist damit nur schwer vorhersagbar. Kleine Änderungen innerhalb von komplexen Systemen können auf diese Weise schnell zu großen Auswirkungen führen. Dies gilt insbesondere für alle Unternehmen, die als in sich komplexes System mit komplexen Mitgliedern agieren. Hier ergibt sich im Rahmen von Veränderungsprozessen daher häufig ein nicht vorhersagbares Verhalten. Insbesondere sind dabei Veränderungen in privaten sowie auch in organisatorischen Situationen Auslöser der aufkommenden Probleme. Auslöser hierfür sind nämlich die wahrgenommenen Veränderungen, die sich nachhaltig auf die selbst konstruierte Realität auswirken und diese verändern. Hierdurch kommt es zu Veränderungen im Rahmen der Kommunikationswege und Verhaltensweisen gegenüber anderen Systemmitgliedern, Kollegen und Vorgesetzten, die dadurch ebenfalls verändert werden. Werden diese nicht frühzeitig entdeckt und wird ihnen nicht entgegengearbeitet, kann es zu bremsenden Verhaltensweisen kommen. In der Folge stellen sich dann Symptome wie Blockaden, innere Kündigungen, Abspaltungen, Fehlausrichtungen und „Aneinander-vorbei-Arbeiten" sowie Passivität ein. Gehen diese Ansichten so weit, kann es dazu kommen, dass einzelne Systemmitglieder keine Perspektive mehr im Unternehmen sehen und es kurzfristig verlassen. Deshalb ist es manchmal sehr hilfreich, Beratung von außen einzubeziehen.

Prozessorientierung & Projekte

Treten Problematiken und Störungen auf der Prozessebene in einem Unternehmen auf, ist die systemische Organisationsberatung darauf bedacht, das gesamte System in seiner Stabilität und Weiterentwicklung zu unterstützen. Im Mittelpunkt des Beratungsprozesses stehen daher nicht etwa einzelne Inhalte verschiedener Bereiche eines Unternehmens oder einzelne Arbeitsgruppen, sondern die Muster des Zusammenspiels einzelner Teile des Unternehmens.

Ziehen wir zur Veranschaulichung das Beispiel unter der Thematik des allgegenwärtig präsenten Voranschreitens der Digitalisierung heran: Die Führungskraft eines traditionellen, mittelständischen Familienunternehmens beschließt, um die Prozesse zu optimieren, eine neue Software zur Auftragsabwicklung einzuführen. In dem Unternehmen arbeiten jedoch unter anderem langjährige Mitarbeiter, welche dieser Neustrukturierung skeptisch gegenüberstehen und Zweifel an dieser hegen.

Das Wesen einer systemischen Organisationsberatung ist mitarbeiterorientiert. Der wichtigste Teil im Rahmen einer systemischen Organisationsberatung ist nun dieser, dass eine gut funktionierende Kommunikationsbasis aufgebaut werden muss. Denn wer Entwicklungsprozesse und Veränderungen im gesamten Team etablieren will, muss alle Systemmitglieder, vor allem die Mitarbeiter, auf dem Weg der Veränderung mitnehmen und einen offenen und vertrauensvollen Umgang schaffen. Offene und klare Kommunikation ist ein zentraler Punkt, um Ängste und Zweifel abzubauen und um wieder ein harmonisches Miteinander herzustellen. Um eine solche zu schaffen, kann die eine Organisation beratende Person nun verschiedene Methoden anwenden:

1. Teamentwicklungsworkshops

In Teamentwicklungsworkshops geht es darum, Ziele, Zuständigkeiten, Abläufe und Strukturen zu klären, bestehende Konflikte zu bearbeiten und künftige zu vermeiden. Teamentwicklungsworkshops sind besonders dann einzusetzen, wenn neue Mitarbeiter in ein Unternehmen kommen oder wenn eine neue Führungskraft das Team übernimmt. Jedoch spielen sie auch eine Rolle dabei, wenn sich Aufgaben und Ziele des Teams verändern, wie in unserem vorher genannten Beispiel. So kann gemeinsam an die Konfliktbewältigung herangegangen werden und einzelne Mitarbeiter können neue Perspektiven durch andere Mitglieder des Teams erlangen. Wie läuft so ein Workshop nun ab? Zunächst einmal führt eine beratende Person ein Vorbereitungsgespräch mit der Führungskraft des Teams, nach welchem ggf. zusätzliche Gespräche mit Teammitgliedern geführt werden können, wenn Interesse daran besteht. Auf jeden Fall sollten diese fakultativen Gespräche angeboten werden, um allen Mitgliedern bzw. Mitarbeitern klarzumachen, dass sie von vornherein einbezogen werden. Im weiteren Prozess werden gemeinsam Ziele für das Gelingen der Teamentwicklung festgelegt. Anschließend geht es um die Abstimmung und Entwicklung des Workshop-Ablaufs, woran man sehen kann, dass dieser keinen genauen Vorgaben unterliegt, sondern, je nach Unternehmen und Situation, sehr individuell ausfallen kann. Am Ende erfolgt dann die Umsetzung und Evaluation, immer inklusive der Unterstützung der beratenden Person.

Kerninhalte eines solchen Workshops sind:

- Ursachen für Konflikte und Unstimmigkeiten nachhaltig auf den Grund gehen
- Teamgefühl und Zusammengehörigkeit stärken
- verschiedene Rollen im Team klären
- Regeln für effektive Zusammenarbeit entwickeln
- die Erarbeitung eines Zukunftsbildes, welches von allen mitgetragen werden kann
- die Beseitigung demotivierender Faktoren
- die Erarbeitung von Verbesserungsvorschlägen und einem anschließenden Maßnahmenplan

Erreicht werden soll, dass...
... die Teammitglieder lernen, untereinander Konflikte konstruktiv und produktiv klären und aus ihnen lernen.
... die Teammitglieder, wie im Falle unseres Beispiels der Neueinführung einer digitalen Software, Veränderungen und Konflikte als Chance für gemeinsame Entwicklung ansehen.
... die Teammitglieder sich akzeptiert und gebraucht fühlen und einen Sinn in ihrem Handeln sehen.
... das Team als Ganzes schließlich seine Arbeits- und Lernaufgaben von selbst erkennt. Die Führungskraft ist nicht länger in der Position eines „Steuermanns", sondern wandelt sich in Richtung Berater bzw. Coach.

2. Strategie-Workshops

Wie in unserem bekannten Beispiel kann es in Unternehmen zu einem bestimmten Zeitpunkt dazu kommen, dass die Frage aufkommt, ob zwischen den einzelnen Systemmitgliedern ausschließlich unterschiedliche Perspektiven auf denselben Sachverhalt existieren oder sie sich gänzlich in verschiedenen Welten bewegen.

Im Rahmen der systemischen Organisationsberatung und der angewandten Methode der „Strategie-Workshops" geht es nun darum, den verschiedenen Mitgliedern des Unternehmens Fragen zu stellen. Die entscheidende Frage ist dabei die Frage danach, wie sie ihre Unterschiedlichkeit als kraftvolle Ressource nutzen können, damit sie an einem gemeinsamen Fortkommen arbeiten können. Dabei ist es wichtig, zu klären, wie die unterschiedlichen Sichtweisen als kraftvolle Ressourcen genutzt werden können, um einen Fortschritt zu erzielen. Auf diese Weise kann das Fortkommen dazu beitragen, eine gemeinsam getragene Strategie zu entwickeln.

Im Vorgehen der Anwendung muss die beratende Person zunächst klären, wie der genaue Hintergrund und der Kontext des Problems aussehen.

Außerdem muss geklärt werden, welches Wissen bereits vorhanden ist oder ob es möglicherweise den Gebrauch von externen Ressourcen bedarf. In unserem Fall heißt das, dass die beratende Person in Erfahrung bringt, welches Wissen die Mitarbeiter über die neu zu implementierende Software besitzen. Ist dieses Wissen noch sehr gering, wird deutlich, dass der erste Fehler darin liegt, dass diese bisher ungenügend in die Veränderung einbezogen wurden und deshalb ein höherer Aufklärungsbedarf entsteht. Mit externen Ressourcen ist nun gemeint, dass ebenfalls geschaut werden muss, welche verschiedenen Perspektiven außerdem einbezogen werden müssen, damit die Strategieumsetzung später bestmöglich gelingen kann: Das können gewisse „Stakeholder" sein, bei welchen es sich um die internen oder externen Personengruppen handelt, welche direkt oder indirekt von den Tätigkeiten eines Unternehmens betroffen sind, beispielsweise Aktionäre, Kunden oder Lieferanten. Hier wird sich nun also gefragt, wer einbezogen werden soll, damit das Problem gelöst werden kann, die wirklich relevanten Fragestellungen identifiziert und Lösungen tiefgreifend durchdacht werden können. Genauso geht es aber auch darum, Kritiker und Zweifler anzuhören und trotzdem in kurzer Zeit wertvolle Ergebnisse erzielen zu können.

Der Problemlösungsprozess auf Projektebene

Zentrale Punkte, welche eine beratende Person im Rahmen des Lösungsprozesses nun zu beachten hat, sind folgende:

➢ Die Betrachtung der Rahmenbedingungen eines Projekts, hier: Die Berücksichtigung von langjährigen Mitarbeitern, welche nun aus ihrer langfristig bekannten Gewohnheit ausbrechen müssen und aufgrund dessen Zweifel an Veränderungen hegen.

➢ Welche Interdependenzen gilt es, zu beachten?

➢ Zu welchem Grad sind die Führungskräfte auf die Arbeit ihrer langzeitigen Mitarbeiter angewiesen und umgekehrt? Welche anderen Interdependenzen bestehen aufgrund der Neustrukturierung des Unternehmens?

➢ Wie müsste vorgegangen werden, damit das Projektziel erreicht wird? Welche Interventionen sind möglich, um das gewünschte Projektziel zu erreichen?

➢ Was wären die möglichen Konsequenzen von möglichen Interventionen?

➢ Wenn Sie sich die unterschiedlichen Projektphasen vorstellen: Mit welchen auftretenden Problemen rechnen Sie bei den geplanten Interventionen? Wie könnten Sie auf diese auftretenden Probleme mit entsprechenden Gegenmaßnahmen angemessen reagieren? Auf Grundlage dessen: Erstellung eines Maßnahmenplans

Auf dieser Basis wird dann ein passendes Projektdesign entworfen. Allerdings gilt es, zu beachten, dass sich die Rahmenbedingungen der Projekte heutzutage so schnell verändern können, dass deren Verlauf immer wieder reflektiert werden muss. Es muss regelmäßig hinterfragt werden, ob die geplanten Maßnahmen noch zielführend sind oder ob sie neu ausgerichtet werden müssen, damit die Ziele erreicht werden können. Gleichzeitig kann überprüft werden, ob bestimmte Ziele neu ausgerichtet werden können.

Umgang mit Konflikten

Konflikte am Arbeitsplatz sind ganz und gar nicht unnormal, in gewissem Maße sogar auch nötig: Sie geben oft wesentliche Impulse für die Weiterentwicklung eines Systems. Ein System, welches Konflikte zu unterdrücken versucht, verliert seine Lebendigkeit und Lernfähigkeit. Konfliktprävention besteht also primär darin, die Fähigkeit zu entwickeln, Konflikte auf niedriger Eskalationsstufe zu lösen, und gar nicht darin, diese gänzlich zu vermeiden. Ein kompetenter Umgang mit Konflikten bedeutet, den Stress, welcher durch sie ausgelöst wird, zu bewältigen und den Klärungs-, Regelungs- oder Veränderungsbedarf, den sie signalisieren, zu erkennen und entsprechende Handlungsmöglichkeiten abzuleiten. Wichtig zu erwähnen ist auch, dass im systemischen Ansatz Konflikte nicht als einfache Ursache-Wirkungs-Kette verstanden werden, sondern die Entstehung in einem komplexeren Zusammenhang gesehen und untersucht wird. Insbesondere für Führungskräfte ist Konfliktkompetenz deshalb eine essenzielle Voraussetzung für Erfolg.

Insbesondere im Rahmen einer vernetzten Arbeitswelt wird es für alle Systemmitglieder innerhalb eines Unternehmens wichtiger als früher, auf die Auswirkungen für das Gesamtsystem, die sich aus ihrem Tun ergeben, zu achten.

Stärker vernetzt – das betrifft so gut wie alle Arbeits- und Kommunikationsstrukturen in Unternehmen, aufgrund des stetigen Voranschreitens der Technologien.

Je nachdem, welche Auswirkung dies hat, kann sich in der Folge daraus ergeben, dass die Abteilungs- und Bereichsgrenzen Schritt für Schritt aufgelöst werden.

Das führt dazu, dass die zentralen Leistungen innerhalb des Unternehmens verstärkt von Teams erbracht werden, die sich über die unterschiedlichen Abteilungen und Bereiche hinaus erstrecken. Auf diese Weise steigt die Anzahl der Systemmitglieder, die miteinander in Kontakt treten genauso, wie das damit verbundene Konfliktpotential, das sich hieraus ergibt.

Doch nicht nur die Technologie stellt einen Auslöser dar: Generell trifft man am Arbeitsplatz häufiger auf eine Vielzahl unterschiedlicher Charaktere, welche mal mehr, mal weniger kompatibel mit dem eigenen zu sein scheinen. Deshalb entstehen am Arbeitsplatz auch öfter Konflikte – auch wenn Sie ein generell harmoniebedürftiger Mensch sind. Wahrscheinlich neigen Sie dann auch eher zur Meidung von Konflikten, was sich jedoch als eine nicht ratsame Konfliktstrategie herausstellt. Es ist besser, vorhandene Differenzen aus der Welt zu schaffen, anstatt sie zu umgehen bzw. zu ignorieren.

Deshalb ist es zunächst wichtig, überhaupt einen Konflikt erkennen zu können: Im Allgemeinen entstehen Konflikte durch Meinungsverschiedenheiten, Missverständnisse und Fehlverhalten von Personen. Jedoch tun sie dies meist unterschwellig, zunächst ist also erst einmal kein offener Streit zwischen einzelnen Parteien oder Systemmitgliedern, sondern eher eine unterschwellige Spannung auszumachen.

Innerhalb eines Unternehmens lassen sich insbesondere unterschwellige Kontakte häufig dadurch ausfindig machen: Die Mitarbeiter eines Unternehmens fangen an, sich zu ignorieren. Zudem gehen sie sich aus dem Weg oder reden hinter der vorgehaltenen Hand übereinander oder über andere Mitglieder eines Systems. Hierdurch wird der Informationsfluss zwischen den Mitarbeitern gestört.

Auch wird dadurch erkennbar, dass sich Konflikte gerade im Entstehungsprozess befinden, dass sich Krankmeldungen von Mitarbeitern mehren, sich Kundenbeschwerden häufen, Fehler zunehmen und sich die gesamte Umgangsmoral mit Kollegen verschlechtert.

Es lässt sich dazu auch noch zwischen verschiedenen Konfliktarten unterscheiden, welche ich Ihnen im Folgenden näherbringen werde. Die Kenntnis der verschiedenen Arten ist insofern wichtig, als sie idealerweise dazu beiträgt, ein besseres generelles Verständnis von der Situation zu erlangen und von vornherein einen Konflikt abschwächen oder gar verhindern zu können.

Die häufigsten Konfliktarten im Überblick:

Sachkonflikte

Bei diesem Konflikt handelt es sich darum, dass er auf sachlicher und objektiver Ebene ausgetragen wird. Meist geht es dabei um Meinungsverschiedenheiten oder andere allgemeine Unzufriedenheiten. Ein ganz einfaches Beispiel wäre, wenn ein Kunde eines Unternehmens sich über ein gekauftes Objekt beschwert, da dies nicht die versprochene Garantielaufzeit überlebt hat. Hat der Kunde jedoch dazu noch ein zwischenmenschliches Problem mit einem Mitarbeiter des Unternehmens, würde es sich dabei nicht mehr um einen ausschließlichen Sachkonflikt handeln.

Beziehungskonflikte

Bei zwischenmenschlichen Problemen handelt es sich um Beziehungskonflikte. Aufgrund der Tatsache, dass diese Konflikte auf persönlichen Abneigungen gegen Faktoren wie die Arbeitsweise, die Wortwahl oder das Auftreten von Mitarbeitern basieren, sind diese nur schwer zu lösen. Ein Beziehungskonflikt entsteht beispielsweise dadurch, dass ein Vorgesetzter einem bestimmten Mitarbeiter die Beratung besonders „schwieriger" Kunden zuteilt, da ihm seine Wortwahl missfällt. Daraufhin prägt sich bei dem Mitarbeiter eine Überforderung aus, da er es allein nicht schafft, diese Kunden zufriedenzustellen, wodurch ein Beziehungskonflikt zu seinem Vorgesetzten entsteht.

Wahrnehmungs- bzw. Bewertungskonflikte

Diese Art von Konflikten basiert auf unterschiedlichen Werten und Einstellungen gegenüber auftretenden Situationen, welche dann dementsprechend unterschiedlich bewertet werden. Dies kann schon bei kleinen Wahrnehmungsunterschieden der Fall sein, beispielsweise, wenn ein Kunde „ganz zufrieden" mit den erbrachten Serviceleistungen eines Unternehmens ist: Eine Servicemitarbeiterin interpretiert diese Aussage als positiv und fühlt sich in ihrem Tun bestätigt, wohingegen die zuständige Führungskraft diese Aussage eher negativ interpretieren würde und der Kunde nur nicht offenkundig sein Unbehagen preisgeben möchte. Die Mitarbeiterin wird zum Verbessern ihrer Beratung aufgefordert.

Rollenkonflikte

Aufgrund der verschiedenen Zuständigkeiten von Mitarbeitern in einem System ergeben sich unterschiedliche Rollen, welche immer mit einer gewissen Erwartungshaltung in Verbindung stehen. Wird eine Erwartung bezüglich einer spezifischen Tätigkeit von Mitarbeitern nicht erfüllt, kommt es zu einem sogenannten Rollenkonflikt. Führt zum Beispiel ein Mitarbeiter eine ihm neu zugewiesene Aufgabe nur sehr lustlos aus, da er keine Motivation hinter dieser neuen Aufgabe findet, ist seine Vorgesetzte sehr unzufrieden und ihre Erwartung wurde nicht erfüllt. Ein Rollenkonflikt entsteht.

Rollenkonflikte lassen sich jedoch nur schwer in Einklang bringen, da diese häufig in einen Wechselkreis von Konflikten münden: Hat ein Mitarbeiter seine Rolle für sich selbst definiert, erfüllt er aber nicht die Anforderungen von anderen an seine, von ihnen also anders definierte Rolle, kann es genauso wahrscheinlich sein, dass dieser gleiche Mitarbeiter ebenso das Gefühl hat, andere Mitarbeiter führen ihre Rolle nicht erwartungsgemäß aus, eben aus dem Grund, dass die Rollen alle auch individuell definiert werden.

Zielkonflikte

Ein ähnlicher Konflikt, auch bezüglich einer bestimmten Erwartungshaltung, ist der Zielkonflikt. Dieser entsteht meist ausschließlich zwischen Vorgesetzten und Mitarbeitern und deren unterschiedlichen Zielvorstellungen.

Ein Beispiel für einen Zielkonflikt im Rahmen der Erwartungen an die Arbeitsleistung in einem Unternehmen: Der Vorgesetzte hat meist die Zielvorstellung von einer effizienten Arbeitsweise, schnellen Abläufen und optimalen Service-Ergebnissen, wohingegen die Ziele der Mitarbeiter sich eher auf eine harmonische Arbeitsatmosphäre und eine gute „Work-Life-Balance" belaufen. Die Prioritäten werden also anders gesetzt und ein Zielkonflikt entsteht.

Verteilungskonflikte

Verteilungskonflikte kommen aufgrund von Ungerechtigkeitsgefühlen auf, wenn Mitarbeiter beispielsweise ihr zugeschriebenes Gehalt, die Arbeitsbedingungen oder ihre erteilten Aufgaben als ungerecht zugewiesen empfinden. Ein großes Kriterium spielt dabei der Vergleich zu Kollegen, wenn das Gefühl aufkommt, dass diese besser gestellt sind als sie selbst. Wahrnehmung spielt auch hier eine bedeutsame Rolle: Zum Beispiel empfindet eine Mitarbeiterin ihren Kollegen als weniger engagiert bei der Arbeit als sich selbst und trotzdem erhält dieser, im Gegensatz zu ihr selbst, eine Gehaltserhöhung. Dies führt wiederum dazu, dass die Mitarbeiterin die Situation als ungerecht bewertet, woraus ein Verteilungskonflikt entsteht.

Ein stark ausgeprägter Faktor bezüglich der Entstehung von Verteilungskonflikten ist also auch das Selbstbewusstsein: Hat man ein großes Selbstvertrauen in die eigenen Leistungen und Fähigkeiten, spielt die subjektive Wahrnehmung wieder eine große Rolle. Die erbrachten Leistungen einer Mitarbeiterin können von einem Kollegen ganz anders wahrgenommen werden als von ihr selbst. Ist die Wahrnehmung jedoch „angemessen" und die Leistungen entsprechen dem Empfinden über jene, kann es oft dazu kommen, dass Mitarbeiter weniger auf Zuwendung und Aufmerksamkeit angewiesen sind als andere, weshalb sie bei der Verteilung bestimmter Aufgaben auch öfter leer ausgehen.

Bei Konfliktarten ist es wichtig, die verschiedenen Kriterien zu berücksichtigen, welche sie zu unterschiedlichem Ausmaß prägen.

Konfliktparteien: Wer prallt mit wem aufeinander? Welche Hierarchieebene eines Unternehmens trifft auf welche? Ein Konflikt zwischen Vorgesetztem und Mitarbeitern ist ein anderer als einer zwischen zwei Kollegen.

Konflikttypen der Involvierten: Beim Konfliktlösungsprozess ist es auch von Bedeutung, wie sich die einzelnen Beteiligten im Umgang mit Konflikten verhalten – eher konfliktscheu oder doch sehr kämpferisch.

Themen: Die Inhalte der verschiedenen Konfliktarten sind ein großes Unterscheidungsmerkmal, da sie sehr weit gestreut sein können. Es ist wichtig, zu erkennen, welche von Bedeutung sind und welche sich eher als unwichtigere Kleinigkeiten herausstellen.

Gründe: Hinter verschiedenen Konflikten stecken verschiedene Auslöser. Aus der anfänglichen Ursache entwickelt sich dann der Konflikt – wie schon erwähnt, handelt es sich im Job meist um Beziehungskonflikte auf Basis unterschiedlicher Verhaltensweisen.

Grundlage für eine schnelle und zielgerichtete Konfliktbewältigung ist im Endeffekt, korrekt einschätzen zu können, um welche Konfliktart es sich handelt und dementsprechende Handlungsmaßnahmen zu ergreifen.

Viel zu häufig werden Konflikte in Unternehmen personalisiert betrachtet, wobei deren Entstehen auf die (negativen) Charaktereigenschaften einzelner Mitarbeiter zurückgeführt wird. Meist werden Betroffene gebeten, sich selbst um die Lösung des Konflikts zu kümmern. So kann in unserem bekannten Beispiel möglicherweise eine Führungskraft die Zweifel, welche einzelne Mitarbeiter an der Veränderung hegen, einfach mit bestimmten Charaktereigenschaften begründen, zum Beispiel seien sie zu beschränkt auf alte Sichtweisen und nicht offen für Neues, anstatt dem Konflikt konstruktiv auf den Grund zu gehen und die Mitarbeiter dabei an die Hand zu nehmen.

Förderlich für den Prozess der innerbetrieblichen Konfliktlösung ist nun zunächst, die Quellen für Spannungsfelder ausfindig zu machen. Denn steht der Zusammenhalt auf dem Spiel, wirkt sich das früher oder später auch auf den Erfolg eines Unternehmens aus. Spannungsfelder entstehen häufig dadurch, dass in Arbeitsgruppen Anerkennungsbedürfnisse vernachlässigt oder gar verletzt werden, interkulturelle und diversity-bedingte Unterschiedlichkeiten nicht ausreichend berücksichtigt werden, oder dadurch, dass generell eine Führungskultur gepflegt wird, die gegenseitige Anerkennung und Wertschätzung vernachlässigt. Dadurch, dass diese Quellen ausfindig gemacht werden, werden die Mitarbeiter im Konfliktlösungsprozess von Schuldzuweisungen aufgrund von Charaktereigenschaften entlastet und es werden wichtige externe Faktoren ausfindig gemacht.

Des Weiteren spielen Anerkennung und Wertschätzung auch eine große Rolle im Konfliktlösungsprozess: Sie bilden insofern eine Grundlage für die Bearbeitung von Konflikten, als sie die Wiederherstellung von gegenseitiger

Anerkennung und Wertschätzung darstellen. Je besser eine beratende Person die Quellen für einen potentiellen Mangel an Anerkennung und Wertschätzung aufdecken und berücksichtigen kann, zum Beispiel anhand von Wertschätzungskultur oder bestimmten Gruppennormen, desto besser kann das Verhalten der Beteiligten nachvollzogen werden und umso differenzierter kann man in Organisationen als Konflikt beratende Person vorgehen. Anerkennung steht also nicht ausschließlich für die gegenseitige Wertschätzung, sondern auch für die Beachtung von Gruppennormen. Sollen nun Konflikte am Arbeitsplatz gelöst werden, sollten folgende Aspekte gedanklich durchgegangen und es sollte überlegt werden, ob möglicherweise ein fehlender Faktor der Würdigung als Quelle des Konflikts gesehen werden kann:

- Wurde das anerkannt, was ist? (Prinzip der Nichtleugnung)
- *In unserem Beispiel: Die Veränderung am Arbeitsplatz bezüglich der Digitalisierung.*
- Wurde berücksichtigt, wer zum System gehört und wer nicht?
- *Für welche Mitarbeiter / welche Abteilungen macht die Veränderung gar keinen Unterschied? Betrifft es alle?*
- Wurde die zeitliche Reihenfolge bei der Systembildung gewürdigt? Wer ist schon länger dabei?
- *Dies ist wichtig, da vor allem langjährige Mitarbeiter der Veränderung skeptisch gegenüberstehen.*
- Wurden die Verantwortungsübernahme und das Engagement einzelner (Gruppen) für das Ganze gewürdigt?
- *Dieser Punkt kann erst nach Durchführung der Veränderung bewertet werden.*
- Wurden die Leistungsfähigkeit und die Fähigkeiten einzelner gewürdigt?

Wurden also Art des Konflikts und Quellen von Spannungsfeldern ausfindig gemacht, können beratende Personen folgende Strategien zur Konfliktbewältigung einsetzen:

- **Bei Bedarf (meist im Rahmen eines Zweierkonflikts) erst einmal auf Einzelgespräche setzen und sich Informationen über die einzelnen Standpunkte einholen.**

Bezüglich unseres bekannten Beispiels spricht die beratende Person also zunächst einmal einzeln mit dem Vorgesetzten des Unternehmens sowie mit den Mitarbeitern, welche Zweifel an der Umstrukturierung des Unternehmens hegen.

- **Das aktive Gespräch zweier Konfliktparteien herbeiführen**

Hier werden nun diejenigen Mitarbeiter gemeinsam mit dem Vorgesetzten und den zuständigen Führungskräften zu einem Gespräch bestellt.

• **Die Ursache des Konflikts gemeinsam analysieren und den Konflikt objektiv bewerten.**
Wodurch sind diese Zweifel entstanden? Liegt es an dem persönlichen Unbehagen einer Veränderung des Umfeldes, welches einem schon so lange bekannt ist, oder fühlen sich die Mitarbeiter schlichtweg zu wenig eingebunden in den Veränderungsprozess? Geht es ihnen zu schnell? Was ist die Perspektive des Vorgesetzten? Wie stehen Sie als beratende Person nun dazu?

Die verschiedenen Parteien zu neuen Perspektiven anregen, indem die beratende Person **zwischen den Konfliktparteien vermittelt**. Hierbei sollte besonders auf bewusstes gegenseitiges Zuhören der beiden Seiten geachtet werden, damit ein wirklicher Perspektivwechsel entstehen kann und die Standpunkte des Gegenübers verinnerlicht werden können.

Nachdem die beratende Person nun einen objektiven Blick auf die Konfliktsituation werfen konnte, nimmt sie im weiteren Verlauf des Gesprächs die Vermittlerrolle zwischen dem Vorgesetzten und den Mitarbeitern ein. Bemerkt sie beispielsweise, dass vereinzelt kein angemessener Umgangston in der Runde herrscht und jemand strikt nur auf seine Meinung beharrt, ohne zu versuchen, die Gegenseite zu akzeptieren, greift sie ein.

• **Auf Grundlage dessen gezielt Lösungsvorschläge und Kompromisse erarbeiten.**
Je nachdem, wie das Gespräch verlaufen ist, soll die beratende Person zur gemeinsamen Erarbeitung von Lösungsvorschlägen aufrufen. Der Vorgesetzte kann beispielsweise eingesehen haben, dass er seine Mitarbeiter mehr hätte einbeziehen müssen, und äußert von sich aus Vorschläge, wie er sie im weiteren Verlauf der Umstrukturierung einbinden kann. Möglicherweise sehen die Mitarbeiter aber auch die Notwendigkeit der Veränderung ein und ihre Perspektive hat sich gewandelt. Auch sie sollen Lösungsvorschläge einbringen.

• **Erfolgskontrolle nach Umsetzung der Lösungsvorschläge**
Flackern die Konflikte regelmäßig wieder auf, sind sie nicht richtig gelöst, es wurde auf die falschen Lösungsvorschläge gesetzt. Deshalb ist es als beratende Person wichtig, nicht nur im Lösungsprozess unterstützend zu agieren, sondern auch im Rahmen einer Kontrolle über diesen hinaus. Gelingt es dem Vorgesetzten, die Mitarbeiter mehr einzubeziehen?

Wichtig ist, dass die beratende Person den Prozess von Anfang bis Ende begleitet, auch Einzelgespräche anbietet und Kompromisse vorschlägt. Grundsätzlich sollte der Kreis der Beteiligten möglichst klein gehalten werden. So soll vermieden werden, dass ein Zweierkonflikt im Unternehmen Auswirkungen auf den Rest der Belegschaft nimmt, wodurch womöglich „Frontenbildungen“ und Spaltungen entstehen.

Gleichzeitig gilt es, zu berücksichtigen, dass nicht jeder Konflikt gelöst werden kann. Vor allem bei schwierigen zwischenmenschlichen Beziehungskonflikten ist das Verhältnis oft schon so stark geschädigt, dass eine konstruktive Konfliktbewältigung nicht mehr möglich ist.

Auf einen Blick!

Wichtige Fragen zur Konfliktlösung ...

- Wie kann der Konflikt **entschärft** bzw. gelöst werden?
- Welche konkreten **Maßnahmen** sollten ergriffen werden?
- Wie sähe die optimale **Lösung** aus?
- Was müssen die unterschiedlichen **Konfliktparteien** leisten, um gemeinsam zu dieser Lösung zu gelangen? Wie müssen sie sich verhalten – und wie nicht?
- Welche **Kompromisse** können beide Seiten eingehen?
- Welche **externen Faktoren** können oder müssen bei der Konfliktlösung einbezogen werden?
- Wie können die **Rahmenbedingungen** verändert werden, um zur Konfliktlösung zu gelangen?

SELBSTMARKETING

Marketing – da schweifen die Gedanken vieler erst einmal zu großen Plakaten in der Öffentlichkeit oder zu Werbespots im Radio oder Fernsehen – was hat das nun mit dem „Selbst" zu tun?

Begibt man sich auf die Suche und recherchiert den Begriff „Selbstmarketing", springen einem eine Vielzahl von Strategien entgegen, wie man es am besten anstellt, sich in bestmöglicher Weise am Arbeitsplatz zu präsentieren, natürlich unter Abgrenzung von Konkurrenten.

Auf die erste Bedeutsamkeit des Selbstmarketings stößt man in der Regel beim Einstieg in ein Unternehmen, im Rahmen eines Bewerbungsprozesses. Um bei diesem Erfolg zu haben, ist eine selbstsichere Präsentation das A und O – jedoch gibt es in der Tat einige Aspekte, die man beachten sollte, wobei die systemische Beratung eine Hilfestellung leisten kann. Schnell kommen nämlich Fragen auf: Wie kann man sich geschickt so gut präsentieren, ohne übertrieben zu wirken? Wie schafft man es, authentisch zu bleiben?

Im Rahmen einer systemischen Beratung wird die Vorbereitung auf einen Anlass, bei welchem ein gewisses Selbstmarketing vonnöten ist, häufig wie folgt angegangen:

Die beratende Person verhilft zunächst den Klienten, sich Klarheit über Wünsche, Ziele sowie persönliche Stärken und Schwächen zu verschaffen, damit eine souveräne Basis für einen Bewerbungsprozess geschaffen werden kann. Möglicherweise haben Sie vor dem Hintergrund der Unternehmensthematik mal den Begriff „Corporate Identity" aufgeschnappt – und genau diese wird nun für die Klienten persönlich erstellt. Corporate Identity bedeutet so viel wie die Identität eines Unternehmens, das Erscheinungsbild, welches es nach außen trägt.

Bei einer persönlichen Corporate Identity geht es um die Frage, was dem Klienten wirklich wichtig im Leben ist und von welchen Werten er geleitet wird. Im Rahmen der Erstellung soll das Berufliche nicht vom Privaten getrennt werden.

Folgende Fragen sollten dem Klienten gestellt werden:

- Hat er eher analytische, kreative oder handwerkliche Fähigkeiten?
- Welche bisherigen Aufgaben haben ihm am meisten Spaß bereitet, unabhängig von Geld oder Ansehen? Wofür wäre er bereit, um fünf Uhr morgens problemlos aufzustehen?
- Was bedeutet Erfolg für ihn?
- Was ist ihm besonders wichtig in Bezug auf seine Berufstätigkeit?
- Wo ist er kompromissbereit, was sind Faktoren, welche komplett abgelehnt werden?
- Welche Werte sind ihm besonders wichtig? Auf beruflicher sowie auf privater Ebene? Wie lassen sie sich am besten vereinen? Hier kann auch mit einem hierarchischen System gearbeitet werden.
- Was inspiriert ihn? Hat er Vorbilder – wenn ja, in welchen Rollen befinden sich diese?

Bei den Stärken und Schwächen gibt es auch einige Dinge zu beachten, beginnen wir zunächst mit den Schwächen: Vielleicht haben Sie schon einmal recherchiert, wie Sie diese am besten in einem Vorstellungsgespräch oder einer ähnlichen Situation preisgeben sollten. Oft stößt man auf den Tipp, Schwächen unbemerkt mit Stärken zu kombinieren, wie zum Beispiel bei „Perfektionismus". Im Rahmen einer systemischen Beratung wird darauf gesetzt, glaubhaft und ehrlich zu bleiben. Es geht darum, die Klienten reflektieren zu lassen und sie dabei zu unterstützen, sich mit den Schwächen zu versöhnen und zu diesen zu stehen. Dies kann ebenfalls durch Fragestellungen ermöglicht werden:

- Blicken Sie auf Ihr Umfeld: Haben Menschen um Sie herum auch diese Schwäche? Wie gehen sie mit dieser um? Gibt es Strategien, die Sie für sich selbst übernehmen könnten?
- In welchem Umfeld kann eine vermeintliche Schwäche, beispielsweise eine Eigenschaft wie Zurückhaltung oder Introversion, vielleicht sogar sehr willkommen sein? Wie kann also diese Schwäche sich als Stärke entpuppen?
- Kann eine Schwäche nur schwer angenommen werden, gilt es, zu überlegen, wie diese konkret überwunden werden kann – kann zum Beispiel die Teilnahme an einem Theaterkurs dabei helfen, das Lampenfieber der Klienten zu überwinden?

Kommt es zu dem Punkt, an welchem die Stärken von Klienten preisgegeben werden sollen, mag vielleicht schnell auffallen, dass dies doch nicht so einfach ist wie gedacht. Manchen Menschen fällt es sogar leichter, Schwächen zu formulieren als Stärken – denn wann spricht man mal nur von sich selbst? Dem Klienten sollte also auch hier Zeit gegeben werden, zu reflektieren:

- Was kann er besonders gut? Woran kann das festgemacht werden?
- Haken Sie als beratende Person genau nach: Der Klient kann gut andere Menschen motivieren – wie genau kann man sich das vorstellen? Formulieren Sie die Stärken so präzise wie möglich.
- In welchen Situationen kommen seine Stärken besonders zum Vorschein?
- Welche Stärken des Klienten würden Freunde oder Familienmitglieder nennen, wenn man diese fragen würde? Regen Sie als beratende Person den Klienten ruhig dazu an, genau diese Fragen seinem Umfeld zu stellen.
- Welche bisher auftretenden Probleme konnten von dem Klienten besonders erfolgreich gelöst werden und warum?

Außerdem muss im Rahmen eines Bewerbungsprozesses, sei es beim Bewerbungsgespräch, einem Anschreiben oder in einem Assessment-Center, damit gerechnet werden, eine kleine Kurzpräsentation über sich selbst halten zu müssen. Bei dieser ist eine klare, verständliche und ansprechende Darstellung von großer Wichtigkeit. Um den Klienten auch in dieser Hinsicht weiterhelfen zu können, nimmt die beratende Person auch hier eine unterstützende Rolle ein. Sie kann den Klienten beispielsweise eine mögliche Gliederung einer solchen Präsentation vorlegen, welche dann selbst ausgefüllt werden soll. Eine bewährte Gliederung sähe zum Beispiel wie folgt aus:

„Ich bin …“ → Hier geht es darum, die persönlichen Stärken zum Ausdruck zu bringen. Wichtig ist es, Kontexte zu nennen, in welchen diese sich bereits bewährt haben.

„Ich kann …“ → Dieser Punkt soll die fachlichen Qualifikationen des Klienten verdeutlichen. Wieso ist er für die angestrebte Position besonders geeignet? Er sollte dies auch an seinem Lebenslauf aufzeigen können (welcher jedoch nicht auswendig aufgesagt werden soll, Mut zur Lücke ist das Schlüsselelement!).

„Ich will …“ → Der Klient soll aber genauso seine Motivation schildern: Was treibt ihn an? Weshalb kann er sich für die angestrebte Position begeistern? Warum soll es für ihn in diese Richtung gehen? Wie sieht die weitere Reise aus?

Anschließend kann die beratende Person dem Klienten auch ihre Sichtweise auf die Dinge näherbringen: Erkennt sie einen roten Faden, möglicherweise Begriffe oder Themenfelder, welche sich stetig wiederholen und besonders oft verwendet wurden? Was kann der Klient daraus schöpfen? Die beratende Person kann auch in diesem Zusammenhang weitere Fragen oder Aufgaben stellen, zum Beispiel: Welche Überschrift hätte ein Aufsatz über Ihre berufliche Laufbahn? Können Sie, ausgehend von einem roten Faden der Kurzpräsentation, diesen verbildlichen? Möglicherweise wird ein bestimmtes Ziel noch deutlicher, wenn der Klient seine bisherigen Ergebnisse visualisieren kann.

Des Weiteren sollte die beratende Person dem Klienten dazu verhelfen, sich vorher schon in die Situation eines Bewerbungsgespräches hineinzuversetzen. Er sollte sich beispielhaft einen Vorgesetzten oder eine Mitarbeiterin aus der Personalabteilung vorstellen ...
... Wie sähe diese/r aus?
... Wer wäre diese Person?

Auf dieser Grundlage kann die beratende Person zu einem Wechsel der Wahrnehmungsposition des Klienten anregen, bei welchem dieser sich in die Person hineinversetzt, welche die Bewerbung liest oder mit ihm das Bewerbungsgespräch führt. Das kann die beratende Person herbeiführen, indem folgende Fragen zum Einsatz kommen:

- Was wäre Ihnen wichtig in diesem Bewerbungsprozess?
- Welche Erwartungen hätten Sie an Ihr Gegenüber?
- Was fällt Ihnen positiv auf?
- Wie gelangen Sie am besten an die Informationen, die Sie brauchen?
- Weshalb würden Sie diesen Bewerber anderen vorziehen?

Nach solch einer umfassenden Analyse sollte es dem Klienten weniger schwerfallen, eine Überschneidung von den persönlichen Fähigkeiten und Qualifikationen und denen, welche gesucht werden, auszumachen.

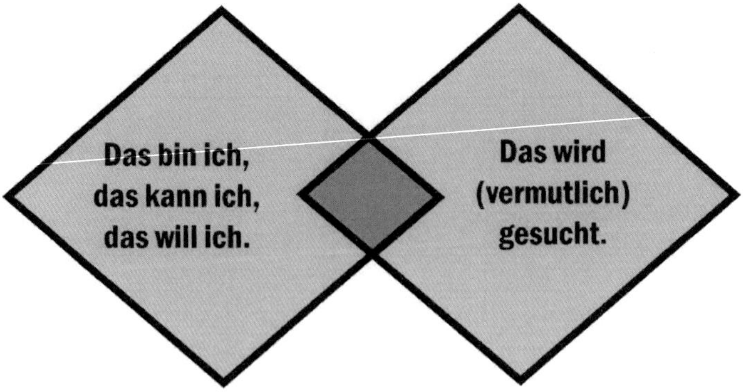

In diesem Zwischenraum soll der Klient anschließend die Überschneidungen notieren. Sucht beispielsweise ein Klient die systemische Beratung auf, da er sich auf sein Bewerbungsgespräch in der Abteilung Rechnungswesen eines Unternehmens vorbereiten möchte, kann er zum Beispiel nach dieser persönlichen Analyse in den Zwischenraum folgende Schnittmengen eintragen: *Fähigkeit zum rationalen Denken, Logik, gute Englischkenntnisse, Erfahrung mit bestimmten Datenbanksystemen, Teamfähigkeit*. Weiterhin sind die persönlichen Ziele von Bedeutung in Bezug auf das Selbstmarketing. Damit sich die Wahrscheinlichkeit erhöht, die gesetzten Ziele zu erreichen, sollten diese Eigenschaften vorhanden sein. Um diese zu erkennen, gehen beratende Person und Klient in der Beratung schrittweise an diese Sache heran:

1. Formulierung des Ziels

Das Ziel des Klienten sollte im Präsens und Konjunktiv formuliert sein. Außerdem ist wichtig, dass es so formuliert ist, wie etwas sein sollte, und nicht, wie etwas nicht sein sollte, da dies die innere Haltung auf das Ziel beeinflusst.

Beispiel: „Ich möchte in meinem neuen Berufsumfeld endlich die Anerkennung und Wertschätzung für meine Arbeit bekommen, die ich verdiene."

2. Ressourcenaktivierung

Die Ressourcenaktivierung bezieht sowohl interne als auch externe Ressourcen ein. Welche Ressourcen liegen bereits versteckt in dem Klienten und müssen wieder das Tageslicht erblicken, um dem gesetzten Ziel näherzukommen? Was läuft bisher gut, was muss noch ausgebaut werden? Diese Art von Ressourcen umfasst zum Beispiel schöne Erinnerungen an etwas Gelungenes, positive Erfahrungen, Fähigkeiten, Stärken und Qualitäten.

Welche äußeren Ressourcen können dazu noch einbezogen werden; wer oder was kann ihm helfen, das Ziel zu erreichen? Wie kann er sich noch weiter vernetzen, wem kann noch von dem Ziel erzählt werden, der eine Hilfestellung zu Erreichung bieten kann? Externe bzw. äußere Ressourcen können zum einen Menschen sein, welche Einfluss auf den Klienten haben, beispielsweise Freunde oder Familie, aber auch andere Menschen, welche konkrete Erfahrung auf dem Gebiet haben, auf dem das Ziel liegt. Zum anderen können sich diese jedoch auch in objektiver oder materieller Form verstecken, zum Beispiel Geldreserven, welche zur Zielerreichung genutzt werden können.

3. Der Plan

Der Plan zur konkreten Umsetzung soll nun hinterfragt werden. Welche aktiven Handlungen nimmt der Klient bereits wahr, um dem Ziel näherzukommen? Hat er eine To-do-Liste oder einen anderen Strategieplan? Verfolgt er das Ziel Schritt für Schritt mit einem Überblick oder geht er eher spontan und impulsiv an die Sache heran? Liegt es in seinem eigenen Einflussbereich, das Ziel zu erreichen? Kann er manche Dinge gar nicht beeinflussen?

4. Messbarkeit des Ziels

Wichtig ist auch, etwas festzulegen, woran sich erkennen lässt, dass ein Ziel erreicht wurde. Ist es eine persönliche Empfindung? Bestätigung von außen? Etwas Materielles? Diese Messbarkeit kann sehr individuell ausfallen und ist nicht vorgeschrieben. Damit einhergehend kann man den Klienten fragen, wann er sich endgültig freuen und mit etwas belohnen würde, der Punkt also, an welchem das Ziel erreicht wurde.

5. Größe des Ziels

Dieser Punkt ist womöglich einer der wichtigsten: Ist das Ausmaß des gesetzten Ziels von angemessener Größe? Ist es zu groß angelegt, vielleicht noch in zu weiter Ferne, läuft der Klient Gefahr, frustriert zu werden und somit schneller aufzugeben. Ist das Ziel hingegen zu klein, kann schon der Anreiz fehlen, es überhaupt umsetzen zu wollen. Auch dann kommen Gefühle der Frustration auf. Keine produktive Zielumsetzung also. Die beratende Person kann dem Klienten genau dort helfen: Wo bietet es sich an, Zwischenschritte in der Zielumsetzung einzubauen? Welches Ausmaß ist für den Klienten von angemessener Größe?

6. „System-Check“

Hier soll der Klient darauf aufmerksam gemacht werden, welche Konsequenzen die Zielumsetzung auf das System hat. Wie würde sich die Umsetzung auf seine Umwelt, die persönlichen Beziehungen, auswirken? Mögliche Einwände müssen ausfindig gemacht werden, auf Grundlage dessen kann das Ziel vielleicht noch Umformungen unterlaufen, wenn benötigt.

7. Der erste Schritt

Das Ziel aus der theoretischen Planung in die praktische Realität zu holen, kann den Klienten vor die Herausforderung stellen, einen guten Anfang dafür zu finden. Wie kann er den ersten und damit so wichtigen Schritt am besten einleiten? Dabei sollte die beratende Person den Klienten vor allem die Angst nehmen, sofort alles perfekt starten zu müssen. Kleine Schritte können am Ende großes bewirken und ein kleiner Anfang mag auch erst einmal viel leichter fallen als eine sofortige Umstrukturierung des Bekannten. Fragen Sie als beratende Person Ihren Klienten, was dieser in den nächsten 72 Stunden zu tun beabsichtigt. Motivation zum kleinen Einstieg ist hier der Kernaspekt: Verpasst der Klient, das Ziel aus der Theorie in die Praxis zu holen, steigt die Wahrscheinlichkeit, dass er es in Zukunft gar nicht mehr angehen könnte.

Doch nicht nur für den Einstieg in ein neues Berufsfeld oder in ein neues Unternehmen ist das Selbstmarketing von Bedeutung. Auch wenn man schon lange in einem Unternehmen arbeitet, kann es immer wieder dazu kommen, dass man sich selbst beweisen oder präsentieren muss. Dies kann beispielsweise der Fall sein, wenn man als Führungskraft ein Meeting leiten muss oder das Unternehmen nach außen hin, zum Beispiel auf Messen oder anderen öffentlichen Veranstaltungen, vertreten soll. Ein sicheres Auftreten ist hier das A und O – nicht zuletzt, um neue bedeutsame Netzwerke zu knüpfen, welche durch Ihre Selbstsicherheit und Überzeugungskraft auf Ihr Unternehmen aufmerksam geworden sind.

Die Person steht also im Blickfeld, wodurch es darum geht, Professionalität zu vermitteln. Führungsentwicklung im Kontext systemischer Organisationsberatung bedeutet, dem gesamten Führungssystem Aufmerksamkeit zu schenken, um ein gezieltes, wirksames, internes Selbstmarketing eines Unternehmens entwickeln zu können.

Als beratende Person geht es immer wieder darum, den Klienten klarzumachen, die eigenen Perspektiven zu hinterfragen und ihnen neue Blickwinkel zu eröffnen. Dies nimmt in der Tat Einfluss auf die persönliche Entwicklung, wodurch auch ganz neue Stärken und Schwächen an den Einzelnen entdeckt werden können. Solche Entwicklungen können natürlich dazu beitragen, dass Klienten an Selbstvertrauen durch die neu entdeckten Eigenschaften gewinnen, jedoch sollte auch nicht außer Acht gelassen werden, dass auch eine gegenteilige Reaktion auftreten kann. Beispielsweise kann ein Mitarbeiter, welcher sonst als ruhig und gelassen bekannt war, im Rahmen einer neuen Aufgabe, wie zum Beispiel der Leitung eines Meetings, plötzlich sehr gestresst auf die neue Situation reagieren, was negativen Einfluss auf das gesamte System nimmt. Eine neue Schwäche wurde entdeckt. Eine beratende Person kann nun so an die Sache herangehen, wie bereits im Kontext des Bewerbungsprozesses bezüglich persönlicher Schwächen beschrieben wurde.

Schnell wird aufgrund der Tatsache, dass sich ein Unternehmen als ein sehr lebendiges und dynamisches System herausstellt, bewusst, dass das Selbstmarketing also ein ebensolcher dynamischer Prozess ist, welcher nicht im Rahmen der Beratung einmal durchgeführt ist, sondern konsequent untersucht und erneuert werden muss, um repräsentativ für ein Unternehmen zu sein.

Visionen & Ziele

Bereits beim Thema Selbstmarketing hatten Ziele eine große Bedeutung. Jedoch sind gemeinsame Visionen und Ziele in einem Unternehmen von genereller Wichtigkeit, um den gewünschten Erfolg zu erzielen. Dabei geht der systemische Ansatz nun so vor, dass zuerst die Belegschaft eines Unternehmens, gemeinsam mit Vorgesetzten, und eine beratende Person zusammentreffen und diese sich in einem gemeinsamen Gespräch die konkreten Unternehmensziele vor Augen führen. Diese werden schriftlich fixiert, auch Visualisierungen können helfen.

Bevor es jedoch zu den konkreten Definitionen der Unternehmensziele kommt, ist es wichtig, die allgemeine Branche zu analysieren, im Hinblick auf den aktuellen Standpunkt des eigenen Unternehmens. Bevor Ziele festgelegt werden, animiert die beratende Person die Klienten, zu reflektieren, wofür ihr Unternehmen überhaupt steht. Womit kann das Unternehmen sich gegenüber Konkurrenten abgrenzen? Wo liegen die internen Stärken oder Schwächen? Welche Bedürfnisse hat der Markt? Erst wenn eine Analyse des Unternehmens und dessen Standpunkt erfolgt, kann entwickelt werden, in welche Richtung es sich weiterentwickeln sollte.

Aufgrund der Tatsache, dass ein Unternehmen ein komplexes System mit einer Vielzahl verschiedener Charaktere ist, ist es umso schwerer, Ziele zu setzen, welche mit allen Systemmitgliedern vereinbart werden können. Deshalb geht es zunächst darum, schrittweise vorzugehen: Das oberste Unternehmensziel ist meist schon klar definiert und dreht sich in den meisten Fällen darum, einen möglichst hohen Gewinn zu erzielen. Danach wird dieses Ziel auf einzelne Ebenen heruntergebrochen; es werden Ziele für die Prozessebene, die Kundenebene, die Finanzebene und die Lern- und Entwicklungs- bzw. Mitarbeiterebene definiert. Dies ist insbesondere deshalb sinnvoll, da ein langfristiges Ziel schnell aus den Augen verloren werden kann und nicht sehr greifbar erscheinen mag. Kurzfristigere Teilziele, auch Wochen- oder Monatsziele, sind hingegen greifbarer und deshalb auch leichter umzusetzen. Diese können, je nach Unternehmen, individuell ausfallen, hier jedoch ein paar Beispiele:

1. Prozessebene

Die Prozessebene gewährt Einblick in die internen Produktionsprozesse und in die wichtigen Vorgänge eines Unternehmens. Unter Einbezug dieser gelingt es, die Prozesse genauestens zu analysieren und zu überdenken, was zu stetigen Verbesserungen führen soll. Mögliche Ziele:

- Um die Qualität der Produkte zu verbessern, sollen die Maschinenleistungen verbessert werden.
- Die Produktionsdauer soll durch Einstellung neuer Mitarbeiter verkürzt werden.
- Die Zeit, welche zur Forschung & Entwicklung benötigt wird, soll innerhalb der nächsten 2 Jahre um 5 % gesenkt werden.

2. Kundenebene

Auf dieser Ebene wird untersucht, wie die Kunden das Unternehmen sehen und einschätzen. Schlüsselbegriffe sind hier Treue, Zufriedenheit oder auch die Wiederkaufsquote. Mögliche Ziele:

- Die Reklamationen von Kunden senken, indem vermehrt auf optimale, fehlerfreie Qualität der Produkte geachtet wird.
- Die Kundentreue durch Einführungen von Treueboni oder anderen Prämien steigern.

3. Lern- und Entwicklungsebene

Auf dieser Ebene dreht sich alles um die Mitarbeiter und die Infrastruktur eines Unternehmens, welche benötigt wird, um die Ziele auf den anderen drei Ebenen zu erreichen. Daher auch der Name Lern- und Entwicklungsebene: Wichtige Aspekte, die hier berücksichtigt werden, sind zum Beispiel Weiterbildungen oder Workshops. Des Weiteren wird die Einbindung der Mitarbeiter in die internen Unternehmensprozesse überprüft. Ziele können wie folgt aussehen:

- Die Mitarbeiterzufriedenheit durch verschiedene Anreize stärken (zum Beispiel die Ausgestaltung des Arbeitsplatzes oder gewisse finanzielle Anreize, beispielsweise Erhöhung des Weihnachtsgeldes o. Ä.).
- Die Fluktuation der Mitarbeiter im Unternehmen senken.

4. Finanzebene

Auf der Finanzebene werden die Unternehmensstrategien in konkrete finanzielle Ziele übersetzt. Das finanzielle Hauptziel eines Unternehmens wird hier erfasst und es geht um die Frage des Auftretens, um Erfolg zu haben. Gewissermaßen fungieren die Ziele als Endziele für die anderen Ebenen, welche mit ihnen verbunden werden. Ziele:

- Den Verschuldungsgrad des Unternehmens minimieren.
- Die Kapitalrentabilität steigern, wobei man zwischen Eigen- und Gesamtkapitalrentabilität unterscheidet: Die Eigenkapitalrentabilität gibt an, wie effizient ein Unternehmen das ihm zur Verfügung stehende Eigenkapital gemessen am erzielten Gewinn eingesetzt hat. Die Gesamtkapitalrentabilität gibt an, wie hoch die Rendite des Unternehmens gemessen am Gewinn ist und gibt Auskunft darüber, wie attraktiv das Unternehmen noch auf Investoren wirkt.

Außerdem sollen auch anschließend Ziele innerhalb der einzelnen Abteilungen formuliert werden.

Danach geht es darum, dass die beratende Person Einzelgespräche anbietet. Diese können auch abteilungsintern oder in kleineren Gruppierungen stattfinden, je nach Bedarf. Wichtig ist jedoch vor allem, dass sichergestellt wird, dass die Ziele mit jedem vereinbar sind und die Mitarbeiter motiviert sind, auf die Ziele hinzuarbeiten. Sollte dies in einzelnen Fällen nicht der Fall sein, geht die beratende Person im Rahmen eines Einzelgespräches so vor, dass Klienten offen über die Zweifel sprechen lässt und diese gemeinsam mit ihnen analysiert. Haben die Zweifel persönlich begründete Ursachen oder haben sie etwas mit dem Unternehmen zu tun? Möglicherweise gelingt es, die Zweifel schon im Rahmen dieses Einzelgespräches zu eliminieren. Wenn nicht, regt die beratende Person dazu an, sich noch einmal in einer größeren Runde zusammenzufinden und gemeinsam an das Problem heranzugehen. Wie dies am besten abläuft, können Sie im Kapitel „Umgang mit Konflikten“ nachlesen.

Zielformulierung

Ein weiterer wichtiger Aspekt in Bezug auf die angestrebten Ziele und Visionen ist die Art der Zielformulierung. Bei Unternehmen hat sich das Prinzip nach der **„SMART-Regel"** durchgesetzt:

S – Specific *Spezifisch*
M – Measurable *Messbar*
A – Achievable *Angemessen bzw. Akzeptiert*
R – Reasonable *Realistisch*
T – Time-bound *Terminiert*

Ziele sollten zunächst einmal spezifisch formuliert werden, es soll also möglichst klar und präzise ausgedrückt werden, was angestrebt wird. Dabei gilt, keine unnötigen Ausschweifungen oder Umschreibungen zu verwenden, damit der angestrebte Zustand für alle leicht verständlich und zugänglich erscheint. Hilfsmittel für eine spezifische Formulierung sind zum Beispiel die W-Fragen:

- **Wer** wird benötigt, um das Ziel zu erreichen?
- **Was** wird genau angestrebt? Welche Ergebnisse sollen erreicht werden?
- **Wo** soll das Ziel erreicht werden? Das Kriterium der Ortsangabe ist zwar nicht immer von Relevanz, kann bei einigen Zielen aber dennoch von Bedeutung sein.
- **Warum** soll ein bestimmtes Ziel erreicht werden? Hier steht der Nutzen des Ziels im Fokus, welcher ein wichtiger Bestandteil für die Motivation der Beteiligten darstellt.
- **Welche** (äußeren) Einflüsse können Hürden auf dem Weg der Zielerreichung darstellen? Auch dieses Kriterium gilt es nicht unbedingt, in der Verschriftlichung zu fixieren, da es oftmals komplexere Ausmaße annimmt als für eine spezifische Formulierung geeignet, Gedanken sollten sich aber in jedem Fall darüber gemacht werden.

Beispiel für eine spezifische Formulierung: Im Produktionsfeld „Kaffeemaschinen" soll der Umsatz um 10 % im Vergleich zum Vorjahr gesteigert werden.

Um Ziele messbar zu machen, müssen die Kriterien, an welchen eine Zielerreichung ausgemacht werden kann, festgelegt werden. Es kann sich dabei um quantitative Kriterien, wie zum Beispiel eine bestimmte Menge oder Stückzahl, Zeiteinheiten oder Geldeinheiten, drehen oder aber um qualitative Kriterien, zum Beispiel die Einhaltung von speziellen Normen oder Standards oder ein besonders erfolgreicher Projektabschluss. Diese qualitativen Kriterien nennt man auch „weiche Indikatoren".

Für das bisher spezifisch formulierte Beispielziel könnte das bedeuten, dass anhand der vorhandenen Umsatzzahlen aus dem letzten Jahr ein Vergleich zu den diesjährigen gezogen werden kann, wodurch das Ziel messbar wird.

Bei dem **„A"** handelt es sich darum, dass ein Ziel angemessen und attraktiv ist, gleichzeitig jedoch auch akzeptiert wird. Alle 3 Begriffe zielen in diesem Zusammenhang darauf ab, dass alle Mitarbeiter das Ziel als sinnvoll erachten und somit motiviert sind, es zu erreichen. Ist dies der Fall, werden sie mit großer Wahrscheinlichkeit an einem Strang ziehen und das Ziel mit einem guten Gefühl verfolgen. Dafür sollte das Ziel angemessen formuliert sein, es sollte niemanden im System über- oder unterfordern. Ziele, die vom Team als unakzeptabel angesehen werden, haben wenig Aussicht auf Erfolg.

Um die Akzeptanz für ein Ziel zu schaffen, kann es hilfreich sein, dass ein Ziel positiv formuliert wird. Hierzu ist die gemeinsame Vereinbarung des Ziels wichtig. Hierbei sollte es nicht darum gehen, was zukünftig nicht getan oder vermieden werden sollte. Vielmehr sollte das Zielbild positiv beschrieben werden.

Auch gilt es, zu berücksichtigen, dass mit Rückschlägen zu rechnen sein muss, weshalb es umso wichtiger ist, dass ein Ziel so attraktiv formuliert ist, dass nicht sofort aufgegeben wird, auf dies hinzuarbeiten.

Beispielsweise ist eine Umsatzsteigerung von 10 % ein attraktives Ziel für Unternehmen, da damit einhergehend die Gewinne steigen.

Realistisch im Hinblick auf die Zielformulierung bedeutet, dass ein Ziel zwar ambitioniert formuliert sein sollte, jedoch immer unter der Betrachtung, dass es unter gegebenen Umständen umsetzbar sein sollte. Auch hängt dieser Punkt eng mit dem vorigen zusammen, denn je realistischer ein Ziel formuliert ist, desto eher wird es von den einzelnen Mitarbeitern akzeptiert. Dabei lässt sich der Ratschlag nennen, Ziele zu vermeiden, welche nicht von dem System beeinflusst werden können. Oft spielt bei diesem Aspekt des Realistischen auch der nächste Punkt „terminiert" mit hinein, beispielsweise bei der Formulierung von realistischen Zeiträumen, innerhalb welcher ein Ziel erreicht werden soll.

Eine Umsatzsteigerung kann beispielsweise durch Umfragewerte, welche eine steigende Käuferquote prognostizieren, realistisch sein.

Das letzte Kriterium, terminiert, ist simpel: Es umfasst die Festlegung einer Zeitangabe, bis wann der gewünschte Zustand erreicht werden soll. Auf dieser Ebene kann man zwischen taktischer, operativer und strategischer Zielsetzung unterscheiden, welche Auskunft über die verschiedenen Zeitspannen geben. Taktische Zielsetzung umfasst den Zeithorizont, in welchem ein Ziel in bis zu einem Jahr erreicht werden soll. Mittelfristig ausgelegte Ziele sollen in einem bis drei Jahren erreicht werden und lassen sich der operativen Zielsetzung zuordnen, wohingegen der strategische Zeithorizont ab drei

Jahren beginnt. Dazu gehört auch die Festlegung von möglichen Zwischenterminen bzw. die Bestimmung der Zeitangaben von Teilzielen, falls erforderlich. Nicht nur um ein Ziel vollkommen zu gestalten, ist eine Zeitangabe wichtig, sondern auch dafür, die Motivation der Mitarbeiter aufrechtzuerhalten. Allerdings trifft der Punkt auch nicht auf alle Ziele zu, bei manchen spielt ein endgültiger Termin schlichtweg keine Rolle, beispielsweise bei rein technischen Zielen. Dies leitet auch schon zu der Tatsache über, dass nicht immer alle Kriterien von „SMART" in einer Zielformulierung erfüllt sein müssen. Häufig ist es sehr einfach, einzuschätzen, welche Kriterien für das bestimmte Ziel irrelevant sind. Beispielsweise ist die Festlegung eines Zeitpunkts, zu dem ein Ziel erfüllt sein soll, wenig sinnvoll zu bestimmen, wenn man sich zum Ziel gesetzt hat, die abgesprochenen Standards während einer Projektarbeit einzuhalten, da diese schließlich die ganze Zeit über berücksichtigt werden sollten.

Auch bei der Messbarkeit kann es, vor allem, wenn es um kreative Projekte geht, zu Schwierigkeiten kommen: Es wird beispielsweise schwierig, eine konkrete Formulierung dafür zu finden, dass ein bestimmtes Design zur Tradition und Aussagekräftigkeit des Unternehmens beiträgt.

Beispiel für „SMART" formulierte Ziele:

- Die Umsätze innerhalb der Produktionskategorie „Jogginghosen" sollen im 3. Quartal des Jahres um 3 Prozent im Vergleich zum vorangegangenen Jahr gesteigert werden.
- Die Nutzerfreundlichkeit der unternehmensinternen Website soll zukünftig von den eigenen Nutzern besser bewertet werden. Hier sollen 90 Prozent der Teilnehmer der Umfrage mindestens mit „sehr gut" bewerten.

Neben der Formulierung nach „SMART" gibt es auch noch verschiedene andere Formeln und Ansätze, welche die beratende Person anwenden kann, es hat sich jedoch gezeigt, dass sich SMART als am einfachsten in der Umsetzung herausstellt. SMART-Ziele können sogar noch zu „SMARTER" erweitert werden, wobei dann „Evaluated" (Evaluiert) und „Reviewed", also die Überprüfung, hinzugefügt werden. Die Überprüfung anhand der Messkriterien erfolgt also auch noch im Rahmen der Zielformulierung.

Ist die Zielformulierung vollendet, geht es nun darum, dass die beratende Person dazu anregt, einen Maßnahmenplan zur Zielumsetzung zu erstellen, zuerst in Form einer Liste: Welche externen Ressourcen werden benötigt, um den Zielen näherzukommen? Welche internen Standards müssen erfüllt werden? Welche Aktivitäten müssen ergriffen werden? Danach gilt es, diese Stichpunkte auf der Liste nach Prioritäten zu ordnen und eine zeitliche Abfolge zu erstellen – der Plan entsteht. Dieser kann auch mithilfe von Visualisierungen gestaltet werden, wichtig ist in jedem Fall, dass alle Maßnahmen klar definiert werden und von allen umsetzbar sind.

Zur Motivation sollten Maßnahmenplan sowie die einzelnen Zielformulierungen an einem Ort aufgehängt werden, an welchem jeder im Unternehmen mit diesen in Berührung kommt, ein Ort, an dem die Ziele für alle gut sichtbar platziert werden. Dies soll vor allem zur Motivation beitragen, auf die Ziele hinzuarbeiten. Vielleicht kennen Sie ja das Sprichwort „Aus den Augen, aus dem Sinn" – hier soll also genau gegenteilig gearbeitet werden. Immer im Blick, um die Ziele zu verinnerlichen.

Schlusswort

Welche zentralen Erkenntnisse lassen sich also nun zum Thema „Systemische Beratung“ ziehen?

Es lässt sich schlussendlich feststellen, dass die Praxis einer systemischen Beratung auf verschiedene theoretische Ansätze aus den unterschiedlichsten Wissenschaftsfeldern zurückzuführen ist.

Hier ist besonders die Systemtheorie von Niklas Luhmann hervorzuheben. Innerhalb dieser Theorie geht es darum, dass sich ein System nicht aus Elementen, sondern aus den Interaktionen und Relationen dieser Elemente zueinander zusammensetzt. Im Rahmen dieser Prozesse spielt der Faktor Kommunikation eine wichtige Rolle. Die Kommunikation gilt nach Luhmann als ein Element eines Systems, das innerhalb eines Prozesses die Gesellschaft konstruiert. Auch der Begriff „Autopoiesis“ ist in diesem Kontext wichtig zu erwähnen, welcher meint, dass ein System sich selbst herstellen kann, gewissermaßen also die Produktion eines lebenden Systems aus dem Netzwerk der Elemente, aus denen es besteht.

Ein nächster zentraler Punkt in der systemischen Beratung stellt die Trennung von Individuum und Problem dar, eine beratende Person sucht nicht das Problem, weshalb eine Beratung aufgesucht wurde, in den Klienten selbst, sondern lässt das Problem das Problem sein. Das Problem ist also das Problem, nicht die Klienten. In diesem Zuge lässt sich der theoretische Ansatz nach Michael White nennen, welcher die „Externalisierung von Problemen“ entwickelte.

Stark angelehnt ist die systemische Beratung auch an das Konzept des Konstruktivismus oder vielmehr an die verschiedenen Ansätze des Konstruktivismus, in welchem zwischen dem radikalen, dem methodologischen und dem interaktionistischen Konstruktivismus unterschieden werden kann.

Die strukturfunktionale Rollentheorie nach Talcott Parson spielt insofern eine Rolle, als sie zwischenmenschliches Verhalten in einem System so versteht, dass dieses in Teilen in wechselseitiger Abhängigkeit zueinandersteht. Diese Theorie ist insofern in der systemischen Beratung von Bedeutung, da diese wichtig ist, um Beziehungsstrukturen und Verhaltensweisen eines Individuums innerhalb des Systems zu verstehen. Wer nimmt welche Rollen ein?

In der eigentlichen Praxis der systemischen Beratung kann man zunächst einmal zwischen verschiedenen Formen unterscheiden: Da gibt es die Einzelberatung, die Familien- oder Paarberatung, die systemische Beratung kann aber auch in komplexeren Organisationen, wie in Unternehmen, zum Einsatz kommen.

Von großer Bedeutung ist erstmals die systemische Haltung einer beratenden Person, welche auf den Kriterien der Wertschätzung und Anerkennung beruht. Auch lässt sich die systemische Haltung auf die fünf Aspekte der

Neutralität beziehen: *Beziehungsneutralität, Problemneutralität, Konstruktneutralität, Veränderungsneutralität und Lösungsneutralität.*

Zwei wichtige Faktoren, auf welchen die systemische Beratung basiert, sind die Ressourcen- und die Lösungsorientierung. Ressourcenorientiert zielt in dem Zusammenhang auf die Aktivierung jener Ressourcen, welche schon in den Klienten vorhanden sind und wichtig für die Problemlösung sind, ab. Der Aspekt „lösungsorientiert" basiert auf den Grundannahmen, dass Lösung und Problem voneinander unabhängig sind. Außerdem wird angestrebt, dass Klienten die Lösung im Beratungsprozess selbstständig entdecken.

Auch den typischen Ablauf einer systemischen Beratung habe ich Ihnen nähergebracht, anhand von fünf Schritten: Diese fünf Schritte ergeben sich aus dem Aufbau von Beziehungen, der Konkretisierung von Anliegen, dem Finden einer Bearbeitungs- und Lösungsebene, dem Erteilen von Impulsen sowie dem Abschluss von Gesprächen.

Die verschiedenen Methoden, welche in einer systemischen Beratung Anwendung finden können, basieren auf der respektvollen, unvoreingenommenen und wertschätzenden systemischen Haltung der beratenden Person. Zum einen gibt es da die Methode der „Wunderfrage", welche mit „Was-wäre-wenn-Fragen" arbeitet, um die Klienten sich in eine Situation hineinversetzen zu lassen, in welcher dem Problem keine Relevanz mehr zugeschrieben wird. Auch lassen sich die „inneren Landkarten" in einer systemischen Beratung verändern: Dabei animiert eine beratende Person die Klienten dazu, die Komfortzone zu verlassen und mit neuen Sichtweisen konfrontiert zu werden, um die eigenen Blickwinkel zu überdenken. Die Methode der „Verstörung von Mustern" versteht ein Problem als Muster, bei welchem die Interaktionen, welche es betreffen, völlig verändert werden und gewohnte Abläufe unterbrochen werden. Fragen nach Ausnahmen stellen auch eine weitere Methode dar, beispielsweise wie lange das Problem nicht aufgetreten ist, wodurch ebenfalls ein Perspektivwechsel herbeigeführt werden soll.

Eine sehr zentrale Rolle in der systemischen Beratung spielt die Methode des zirkulären Fragens: Die Meinungen anderer Systemmitglieder über Gedanken und Gefühle eines anderen bewirken ein Hineinversetzen in eine andere Person, wodurch sich der Blickwinkel auf eine bestimmte Situation ändern soll – *„Was sagt die Mutter dazu, wenn sich die zwei Kinder ständig streiten?"*

Bei dem selbstreflexiven Dialog soll den Klienten ermöglicht werden, sich selbst von außen zu sehen, indem die beratende Person auf behutsame und wertschätzende Weise Gedanken zu dem Problem aus ihrer Sicht schildert. Es wird also deutlich, dass es im Großteil der Methoden darum geht, neue Anregungen zu finden, wodurch die Sichtweise auf ein Problem geändert werden kann – so auch beim „reflektierenden Team": Hier kommen mehrere Therapeuten zum Einsatz, ein Team wird gebildet, welches die Beratung zunächst aus einer beobachtenden Haltung heraus mitverfolgt und anschließend die gewonnenen Erkenntnisse preisgibt.

Um alte Glaubenssätze oder Verhaltensmuster loszulassen, welche ursächlich für Problemstrukturen sind und somit den Klienten einen Raum für Neues zu bieten, werden auch Rituale als Methode in der systemischen Beratung eingesetzt.

Darüber hinaus spielt, vor allem in der Familienberatung, die Arbeit mit Skulpturen, Sozio- und Genogrammen eine Rolle. Dabei werden Strukturen eines Systems verbildlicht und visualisiert, was noch einmal eine veränderte Wahrnehmung der Situation auslösen soll. Eine andere Methode, um ein Problem aus einer anderen, verbildlichten Sicht zu sehen, ist der Gebrauch von Metaphern in einem Beratungsgespräch. Am Ende einer systemischen Beratungssitzung erfolgt zumeist die Anwendung der Methode der Abschlussintervention, bei welcher den Klienten eine Art Hausaufgabe mit auf den Weg gegeben wird, welche bis zu einer bestimmten nächsten Sitzung ausgeführt werden soll.

Kommt es nun zu einer systemischen Familientherapie, wird in dem Prozess darauf geachtet, wie Personen über sich und andere denken und kommunizieren.

Auch das Verhalten von einzelnen Mitgliedern einer Familie wird nicht isoliert voneinander, sondern auf der Basis der inneren Eigenschaften heraus betrachtet. Hierbei werden die Beziehungen und Interaktionen untereinander sowie in Wechselwirkung zur spezifischen Umwelt eines Systems erklärt.

Wichtig dabei für eine beratende Person ist, eine Gesprächsebene unter den Klienten zu schaffen, welche es ermöglicht, wertschätzend zu kommunizieren. Um einen Überblick über die Familienverhältnisse und -strukturen zu erlangen, sollte eine beratende Person darauf setzen, Methoden wie Skulpturarbeit oder Genogramme zu benutzen. Beachtet werden sollten auch die unterschiedlichen Sichtweisen von Mitgliedern verschiedener Generationen sowie die Grenzen der systemischen Beratung bei Fällen wie Missbrauch oder Vergewaltigung innerhalb des Systems.

Systemische Beratung findet darüber hinaus auch Anwendung im Bereich Job und Unternehmen, denn gerade dort stellt es die Systemmitglieder, welche oftmals viele unterschiedliche Charaktere beinhalten, vor Herausforderungen im Umgang mit Konflikten. Grundlage für eine zielgerichtete Konfliktbewältigung bildet zunächst die Analyse, um welche Konfliktart es sich handelt und welche Kriterien zu welchem Anteil Ausmaß daran nehmen. Die systemische Beratung nimmt insofern eine bedeutende Rolle ein, da sie unterschiedliche Konfliktparteien versucht, zusammenzuführen, und auf Grundlage dessen dazu animiert, gemeinsam Lösungsvorschläge zu erarbeiten.

In Unternehmen, oder erst einmal, um den Einstieg in ein Unternehmen zu erzielen, spielt der Begriff des „Selbstmarketings" eine Rolle, um sich selbstsicher zu präsentieren. In einer systemischen Beratung nimmt die

Beratungsinstanz auch hier eine unterstützende Funktion ein und führt gemeinsam mit dem Klienten eine „Analyse seines Selbst“ durch – die Erstellung einer sogenannten Corporate Identity. Ziele sind sowohl im Selbstmarketing als auch im generellen Unternehmenskontext von großer Bedeutung, denn nur, wenn man konkrete Ziele vor Augen hat, ist man motiviert, auf etwas hinzuarbeiten. Die systemische Beratung hat hier die Funktion, einem Unternehmen bei einer sinnvollen Zielformulierung zur Seite zu stehen, beispielsweise durch die Anwendung verschiedener Formeln wie „SMART“.

Es zeigt sich deutlich, dass der Einsatz von systemischen Beratungen vielseitig sein kann. Im Kern dieser Methode geht es dabei darum, die jeweiligen Klienten zu neuen und alternativen Denk-, Wahrnehmungs- sowie Interaktionsmustern zu bewegen. Auf diese Weise werden neue Verhaltensoptionen ermöglicht, die dem System insgesamt langfristig ein besseres Zusammenspiel möglich machen.